Michel Luchesi

PRATIQUER LA PÊCHE À LA MOUCHE

Eau douce & mer

VAGNON

SOMMAIRE

Introduction 4
La panoplie du parfait pêcheur à la mouche 6
Les cannes 12
Les moulinets 16
Les soies 19
Les bas de ligne 24
Un peu d'entomologie 30
Le cycle de vie des éphéméroptères 32
Confectionner ses mouches : le matériel 34
Confectionner ses mouches : les matériaux 38
Confectionner ses mouches : 5 exemples de montage 42
Les différents types de lancers 52
Les différentes techniques de la pêche à la mouche 62

LA PÊCHE DES SALMONIDÉS ET DES POISSONS MIGRATEURS 67

La truite fario *(Salmo trutta fario)* 68
La truite arc-en-ciel *(Oncorhynchus mykiss)* 72
L'ombre commun *(Thymallus thymallus)* 76
Le saumon atlantique *(Salmo salar)* 80
La truite de mer *(Salmo trutta trutta)* 84
L'alose *(Alosa alosa, Alosa fallax, Alosa fallax rhodanensis)* 88

LA PÊCHE DES CARNASSIERS ET DES POISSONS BLANCS 93

Le brochet *(Esox lucius)* 94
La perche commune *(Perca fluviatilis)* 98
Le black-bass *(Micropterus salmoides)* 102
Le silure glane *(Silurus glanis)* 106
Le chevesne *(Squalius cephalus)* 110
La carpe *(Cyprinus carpio)* 114

LA MOUCHE EN MER 119

Le bar commun *(Dicentrarchus labrax)* 120
Le mulet *(Liza aurata, Chelon ramada, Mugil cephalus...)* 124

INTRODUCTION

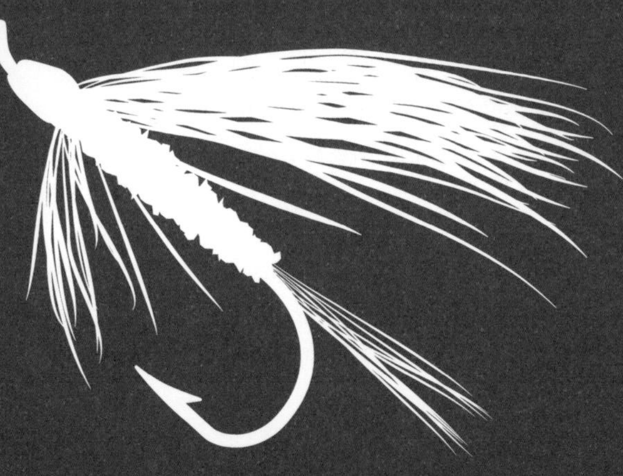

Pour celui qui n'a jamais tenu une canne en main, la pêche à la mouche semble compliquée, voire inaccessible. En réalité, cette technique est beaucoup plus simple à pratiquer qu'il n'y paraît. Comme toute discipline, elle exige un minimum de savoir-faire pour être bien maîtrisée, mais elle reste à la portée de tous. Comment devenir un bon moucheur ? Tout d'abord en lisant des livres ou des magazines spécialisés, mais aussi en allant sur le terrain. « C'est en forgeant que l'on devient forgeron », dit le proverbe.

Avant d'exceller dans l'art de pêcher à la mouche (il s'agit bien d'un art), vous devrez passer du temps au bord de l'eau et tirer les leçons de vos échecs comme de vos réussites. N'hésitez pas, également, à demander conseil aux moucheurs rencontrés lors de vos sorties halieutiques. Comme cet ouvrage, ils vous transmettront de solides connaissances et guideront vos premiers pas. Vous aurez par ailleurs l'occasion de tisser des amitiés. Bonne pêche !

Michel Luchesi

1
2
3
4
5
6
7
8
9
10
11
15
12
13
14
16

LA PANOPLIE DU PARFAIT PÊCHEUR À LA MOUCHE

De nombreux accessoires sont utiles pour pêcher à la mouche. Voici une présentation succincte de ce qui vous permettra de pêcher dans les meilleures conditions. Faites vos emplettes !

LE GILET DE PÊCHE ❶

Les moucheurs utilisent surtout des gilets courts. Ainsi, lorsqu'ils pêchent les pieds dans l'eau (en wading), le matériel qui se trouve dans les poches ne risque pas d'être trempé. Le modèle idéal comporte plusieurs poches à soufflets (parfait pour contenir des boîtes à mouches ou d'autres accessoires) et des accroches (anneaux, mousquetons, sangles...) pour fixer un coupe-fil, des petites pinces... Par ailleurs, une poche étanche permet de conserver ses papiers et son téléphone portable au sec. Vérifiez bien son étanchéité avant d'aller dans l'eau !

LE *CHEST PACK*, OU *WADING PACK* ❷

C'est une sorte de sac maintenu par des bretelles et des sangles que l'on porte sur la poitrine. Il comporte plusieurs compartiments de rangement et des accroches pour fixer divers accessoires. Tout est à portée de main.

LES BOTTES

Les bottes basses, qui arrivent au niveau des mollets, conviennent pour pêcher du bord, par temps sec et sur des sols pas trop boueux. Les bottes hautes, qui couvrent les mollets, sont plus adaptées aux secteurs où il y a de la vase ou des herbes humides.

LES CUISSARDES ❸

Les cuissardes permettent de pêcher dans des eaux peu profondes et de progresser au milieu des herbes hautes. Il existe des modèles en caoutchouc naturel, en PVC, en néoprène et en matière respirante, comme le Gore-Tex®. Lorsqu'il fait chaud, privilégiez les cuissardes en matière respirante. Lorsqu'il fait froid, celles en néoprène sont plus adaptées.

LES WADERS ❹

La grande majorité des pêcheurs à la mouche en possèdent car elles permettent de s'enfoncer dans l'eau jusqu'à la taille, voire un peu plus haut. Comme les cuissardes, elles sont disponibles en plusieurs matières : caoutchouc, PVC, néoprène, matière respirante. Certains modèles ont des bottillons intégrés, d'autres s'utilisent avec des chaussures spécifiques, avec semelles moulées et crantées ou en feutre. Dans l'eau, les semelles en feutre sont plus efficaces que les semelles crantées : elles adhèrent mieux aux fonds couverts de roches ou d'algues. En revanche, elles sont glissantes sur les rives humides.

LE BÂTON DE WADING ❺

C'est une sorte de bâton de randonnée dont le pêcheur se sert pour ne pas perdre l'équilibre lorsqu'il marche dans l'eau. Il peut également être utile pour se frayer un chemin dans la végétation rivulaire ou éviter la chute sur un sol glissant. Certains modèles sont pliables et se fixent à la ceinture.

L'ÉPUISETTE ❻

Parmi les plus employées par les moucheurs, il y a l'épuisette raquette (à manche court), très pratique lorsque vous pêchez en waders ou sur des bordures facilement accessibles. Certaines ont un cerceau rigide (en bois ou en métal). D'autres disposent d'un cerceau en forme de lame métallique qui se replie par torsion et se range dans un fourreau. Quel que soit le modèle, ce type d'épuisettes convient bien pour la plupart des poissons d'eau douce. Bien que plus encombrantes, les épuisettes à manche long ont également leur utilité si vous visez des poissons de belle taille (brochet, par exemple) ou pêchez depuis des rives surélevées. Leur manche peut par ailleurs vous servir à prendre vos appuis lorsque vous marchez dans l'eau. **À savoir**: il existe des manches télescopiques.

LES LUNETTES POLARISANTES ❼

En plus de protéger vos yeux des rayons du soleil, ces lunettes offrent une meilleure visibilité à travers l'eau. Vous pourrez ainsi repérer les poissons et suivre la progression de votre mouche plus facilement. Dans le commerce, vous trouverez des modèles avec des verres de différentes couleurs. Quelques conseils pour faire votre choix: par temps fortement ensoleillé, préférez le vert si vous pêchez en eau douce et le bleu si vous pêchez en mer. Par faible luminosité (à l'aube, au crépuscule, ou lorsque le ciel est très nuageux), optez pour des verres jaunes ou roses. Si vous recherchez des modèles polyvalents, choisissez plutôt des verres cuivrés, marron ou gris.

LE COUVRE-CHEF

Le chapeau à plumes n'est pas le seul couvre-chef du moucheur: il existe aussi la casquette et la visière. Comme les lunettes polarisantes, la visière sert à vous protéger les yeux des rayons du soleil, et elle améliore votre confort de vision. La casquette joue un rôle similaire, mais elle vous préserve en plus de l'insolation. Une autre option: le bob en coton huilé. Pratique lorsqu'il pleut!

LA BOÎTE À MOUCHES ❽

Elle est indispensable pour ranger vos mouches. Choisissez un modèle d'une contenance suffisante pour stocker vos modèles de façon optimale. Avant d'effectuer votre achat, vérifiez par ailleurs que son ouverture se fait facilement. **À savoir**: le fond de certaines boîtes est garni de mousse synthétique; vous pouvez facilement y piquer vos artificielles.

LE BOUTON-SERVICE ❾

Cet accessoire permet, par l'intermédiaire d'un clip ou d'une agrafe, d'accrocher à votre gilet de pêche les outils dont vous vous servez fréquemment lors de votre partie de pêche: un coupe-fil ou une pince, par exemple. Il fonctionne comme un dévidoir-enrouleur automatique.

LE FIXE-MOUCHES

De nombreux gilets de pêche sont équipés d'une bande d'autoagrippant au niveau de la poitrine. Elle sert à scratcher une sorte d'écusson en mousse synthétique ou en peau de mouton sur lequel vous pourrez piquer les mouches de votre choix. Cela vous évitera de perdre du temps à ouvrir votre boîte systématiquement pour changer de modèle.

LE COUPE-FIL ⑩

Pour réaliser vos montages, vous aurez souvent besoin de couper des nylons ou des tresses. Plutôt que de le faire avec les dents ou des ciseaux encombrants (et dangereux à transporter), utilisez un coupe-fil. Dans le commerce, vous trouverez des modèles en acier inoxydable ressemblant à des coupe-ongles. S'il possède, en plus, une pointe rétractable, c'est encore mieux : elle vous servira à défaire les nœuds ou à déboucher l'œillet d'un hameçon obstrué par une goutte de vernis ou de colle.

LES PINCES ⑪

Elles vous serviront le plus souvent à écraser l'ardillon d'un hameçon ou à dégorger un poisson. Afin de ne pas les égarer pendant votre partie de pêche, préférez les modèles avec cordon, que vous pouvez fixer à votre gilet de pêche.

LA PIERRE À AFFÛTER ⑫

Les hameçons s'émoussent vite. Afin que leur pointe conserve tout leur piquant, une pierre à affûter en céramique, à grains fins, convient parfaitement, à condition qu'elle soit peu encombrante. Dans le commerce, vous trouverez des modèles conçus spécialement pour satisfaire les besoins du pêcheur.

L'AMADOU ⑬

Il existe une matière bien utile pour assurer la bonne flottabilité de vos mouches sèches : l'amadou. Issue d'un champignon qui se développe sur les troncs d'arbres, elle absorbe toute l'humidité. Dans le commerce, vous en trouverez insérée entre deux pièces de cuir. Comment se servir de cet accessoire ? Il faut placer l'artificielle imbibée d'eau au contact de l'amadou et exercer de légères pressions.

LA GRAISSE À MOUCHES

Dans le commerce, vous trouverez plusieurs produits pour que votre mouche sèche flotte parfaitement à la surface de l'eau. La plupart sont à base de silicone. Certains se présentent sous la forme d'un spray, d'autres sous la forme d'une pâte. Pour appliquer cette dernière, il faut enduire son pouce et son index et imprégner légèrement les plumes ou les poils de la mouche artificielle. Il existe également une méthode qui consiste à tremper la mouche dans un liquide hydrophobe.

LE PANIER À SOIE, OU PANIER DE STRIPPING (14)

En plastique ou en matière textile avec armature, cet accessoire est utile lorsque vous pêchez du bord sur une rive encombrée ou rocheuse, mais aussi lorsque vous pratiquez les pieds dans l'eau. Du bord, il évite que votre réserve de soie s'abîme ou s'accroche sur le sol. Les pieds dans l'eau, il évite qu'elle soit emportée dans le courant.

LE DOIGTIER DE STRIPPING (15)

Lorsque vous strippez, c'est-à-dire que vous ramenez votre ligne par à-coups, l'index qui maintient la soie contre la poignée de la canne à pêche a vite fait de s'échauffer. Pour éviter les blessures, les moucheurs enfilent un doigtier de stripping. **À savoir** : il existe aussi des gants de stripping (vendus à l'unité).

LE PANIER DE PÊCHE (16)

Il sert à conserver les prises de taille raisonnable dans les meilleures conditions. N'imaginez pas pouvoir y fourrer un brochet de 80 centimètres de longueur ! Parmi les modèles appréciés, il y a les paniers en osier ou en rotin aisément transportables grâce à une bandoulière. Leur couvercle possède une petite ouverture permettant d'introduire les poissons facilement. Contrairement aux paniers en plastique, ils maintiennent les captures bien au frais.

LES CANNES

Comme tout autre mode de pêche qui exige de la précision, la pêche à la mouche requiert une canne d'excellente qualité, légère et parfaitement maniable pour ne pas se fatiguer en effectuant de nombreux lancers.

LES MATÉRIAUX

Autrefois, le nec plus ultra des cannes à mouche était réalisé en bambou refendu. Certains fabricants continuent d'utiliser ce matériau, mais les ventes restent confidentielles. Les modèles disponibles sur le marché ne sont pas à la portée de toutes les bourses, et de nombreux moucheurs privilégient les matériaux modernes, plus légers et plus faciles à entretenir. C'est le cas des cannes en carbone ou en composite. Qu'est-ce qu'un composite ? C'est un matériau qui associe plusieurs composants (généralement du carbone et de la fibre de verre).

LA LONGUEUR IDÉALE

La longueur des cannes est exprimée en pieds et en pouces. Un pied correspond à 30,48 centimètres, un pouce à 2,54 centimètres. Ainsi, une canne de 9,6 pieds mesure un peu moins de 2,93 mètres. Comment faire le bon choix ? Un élément important est le milieu où vous pratiquez. Si vous pêchez dans des petits cours d'eau, optez pour une canne courte, de 7 à 7,6 pieds. Si vous pêchez dans les grandes rivières, préférez une canne plus longue, de 9 à 9,6 pieds. Dans les cours d'eau de taille moyenne, une canne de 8 à 8,6 pieds convient bien. Plus polyvalente, elle vous permettra de faire face à la plupart des situations. Dans les lacs et en réservoir ou pour pêcher des poissons puissants, comme le saumon, la truite de mer, l'alose, le brochet et la carpe, une longueur de 9 à 12 pieds est à privilégier. Quid du silure ? En plus d'être puissante, la canne doit mesurer 9 pieds au minimum pour pouvoir manœuvrer de gros streamers (leurres). Pour pêcher en mer, les moucheurs utilisent généralement les modèles de 9 à 10 pieds.

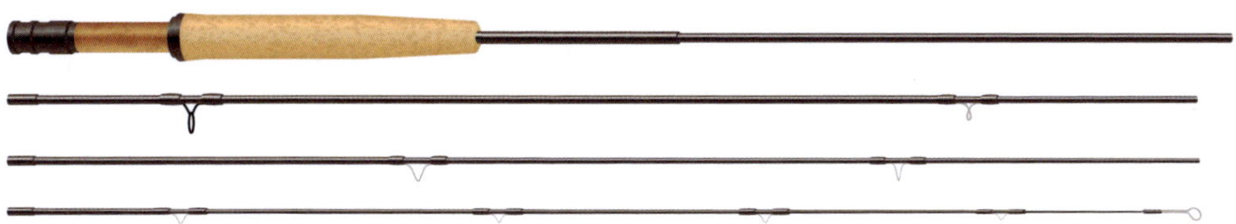

Canne à mouche classique

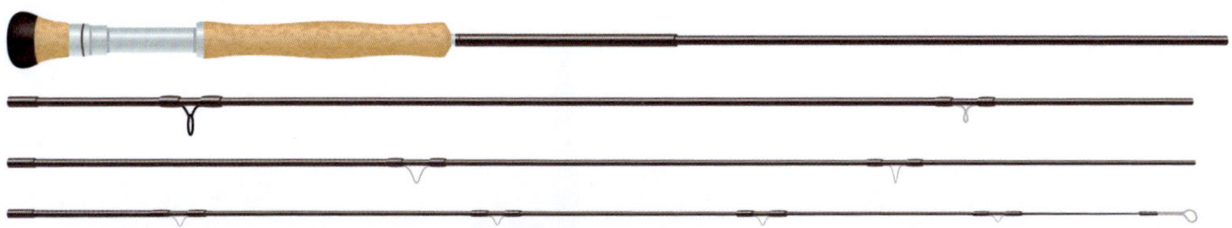

Canne à mouche avec talon de combat

L'ACTION

Qu'est-ce qui détermine l'action d'une canne à pêche ? Sa flexion ! *Grosso modo*, trois catégories sont à considérer :

❶ Les cannes à action de pointe (dite « rapide ») ploient sur le dernier tiers de leur longueur. Elles sont nerveuses et conviennent bien pour pêcher en sèche ou en nymphe.

❷ Les cannes à action semi-parabolique (dite « progressive ») se courbent sur les deux derniers tiers de leur longueur. Polyvalentes, elles conviennent pour pêcher en sèche, en noyée, en nymphe ou au streamer. Elles ont la faveur des moucheurs.

❸ Les cannes à action parabolique (dite « lente ») ploient sur une grande partie de leur longueur. Certains pêcheurs vous diront qu'elles sont molles ou trop difficiles à manier. D'autres affirmeront qu'elles sont très intéressantes pour propulser une mouche volumineuse (un streamer à brochet, par exemple) ou pour pêcher en noyée.

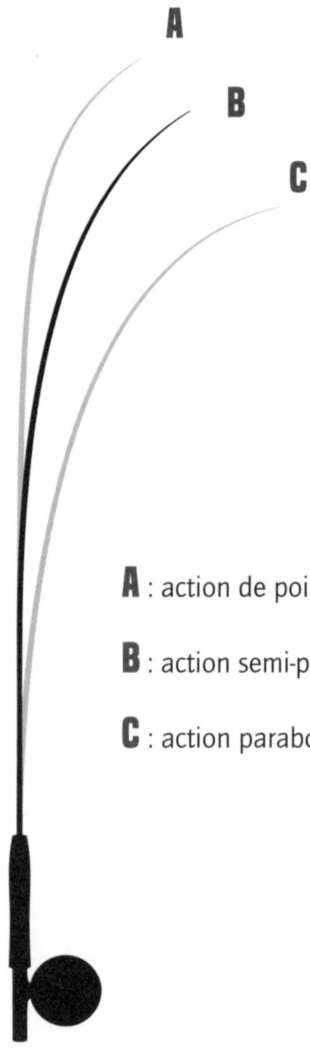

A : action de pointe

B : action semi-parabolique

C : action parabolique

LA PUISSANCE

Qu'est-ce que la puissance d'une canne à pêche ? Dans la pêche à la mouche, c'est sa capacité à propulser une soie (ligne) d'un poids déterminé (seuls les neuf premiers mètres sont pris en compte), selon une norme établie par les fabricants. Celle-ci correspond à une numérotation. Si votre canne porte l'inscription « # 4/5 » au-dessus de sa poignée, elle doit être utilisée avec une soie numéro 4 ou 5. **À savoir :** plus le numéro indiqué est grand et plus la soie est lourde.

LES DIFFÉRENTS TYPES DE POIGNÉES

Pour effectuer des lancers dans les meilleures conditions, la forme de la poignée a son importance puisque c'est elle qui vous permet de bien saisir votre canne. Certaines ont la forme d'un cigare ou d'un demi-cigare, d'autres sont plus ou moins droites. La plupart des modèles sont fabriqués en liège, mais il en existe aussi en mousse et en carbone. Les poignées en forme de cigare ou de demi-cigare conviennent bien aux cannes courtes. Celles de forme plus rectiligne sont plus adaptées aux cannes plus longues et plus puissantes.

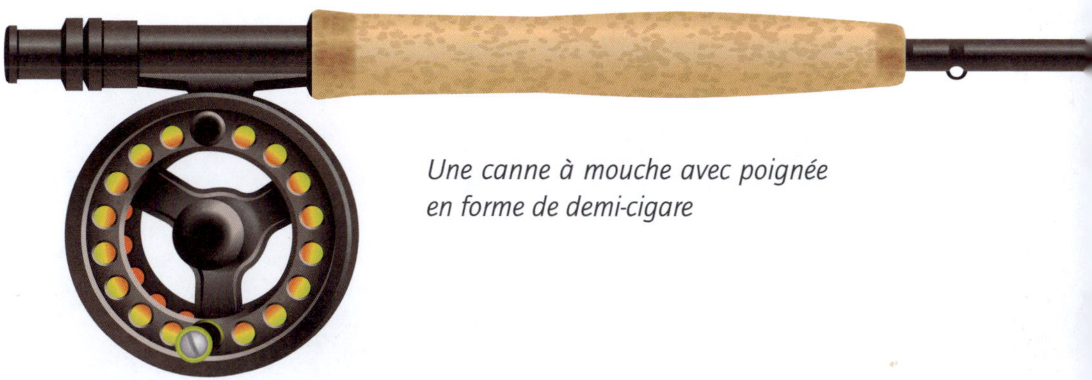

Une canne à mouche avec poignée en forme de demi-cigare

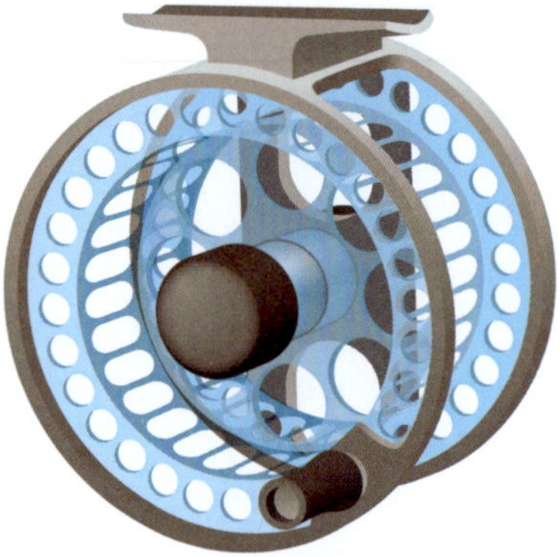

1

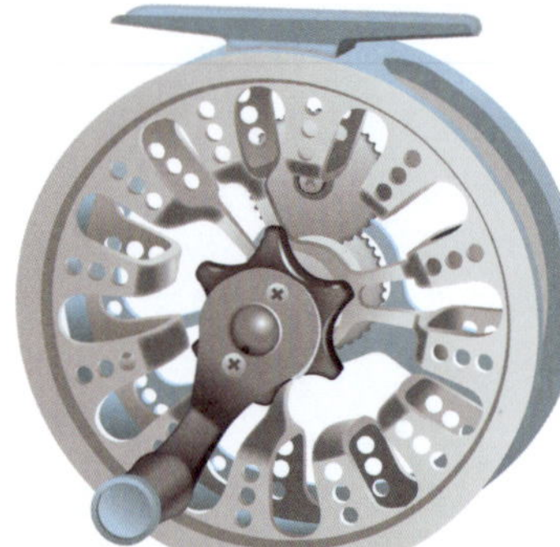

2

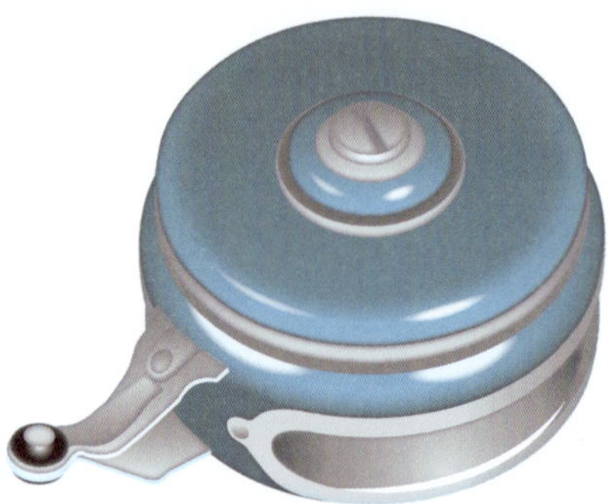

3

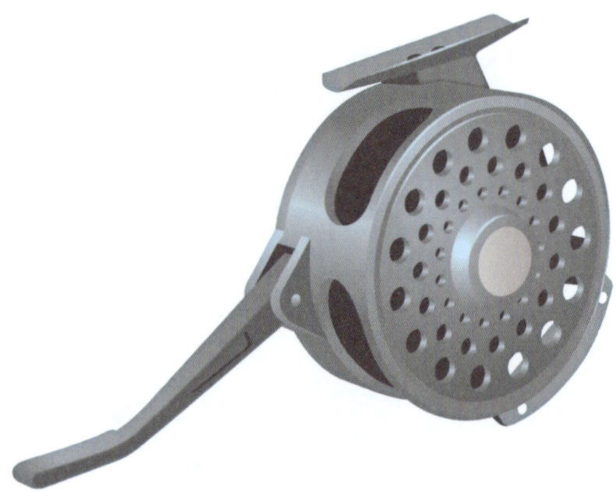

4

LES MOULINETS

Bien des pêcheurs prétendent que les moulinets destinés à pêcher à la mouche sont de simples réserves de fil. Pour capturer des poissons de taille modeste, un modèle rudimentaire peut effectivement suffire, mais pour combattre de belles prises ou pratiquer des pêches plus techniques, c'est loin d'être vrai.

LES MOULINETS MANUELS SIMPLES ❶

Ce sont les plus employés et les plus anciens. Simples à utiliser et légers, ils sont particulièrement appréciés des moucheurs, mais attention à la qualité : simple ne veut pas dire de qualité médiocre. Il faut veiller à ce que la soie se rembobine sans accroc, en se répartissant bien, c'est-à-dire de façon régulière. Comment fonctionnent-ils ? Pour récupérer sa ligne, il faut tourner la manivelle qui se trouve sur l'un des côtés. Quant au frein du moulinet, il le faut doux et progressif. Il doit par ailleurs pouvoir être réglé grâce à une molette facilement manipulable. Concernant sa couleur, évitez le clinquant. Les modèles en métal doré ou argenté sont particulièrement beaux, mais leurs reflets ne passent pas inaperçus aux yeux des poissons.

LES MOULINETS MANUELS À SYSTÈME DÉMULTIPLIÉ ❷

Ces moulinets fonctionnent comme les moulinets manuels simples, mais la récupération de la ligne se fait plus rapidement, grâce à un système d'engrenages qui permet de démultiplier le nombre de tours effectués par la bobine à chaque tour de manivelle. Ainsi, après avoir déployé votre ligne à bonne distance, vous pouvez la rembobiner sans avoir l'impression de manœuvrer un vieux moulin à café.

LES MOULINETS SEMI-AUTOMATIQUES ❸

Leur fonctionnement est particulier. Selon les modèles, la récupération de la ligne se fait par des pressions successives sur une sorte de gâchette ou sur une cordelette. La bobine est entraînée par un mécanisme de friction à l'intérieur du carter. Le plus connu des modèles à levier est le moulinet mouche commercialisé par l'italien Franco Vivarelli, mais d'autres firmes en proposent, comme JMC®, Antonio Perez® et la marque suisse Peux®. Cette dernière propose des semi-automatiques (gamme Fulgor®) avec une option « manivelle ». Les modèles à cordelette ne sont plus fabriqués, mais certains pêcheurs parviennent parfois à s'en procurer sur le marché de l'occasion.

LES MOULINETS AUTOMATIQUES ❹

Ces moulinets sont équipés d'un ressort qui se tend à mesure que l'on tire sur la soie. Pour que la ligne se rembobine automatiquement, il n'est pas besoin de tourner une quelconque manivelle (il n'y en a pas) : le moucheur se contente d'actionner un levier. Certains modèles se fixent sur la canne dans le sens horizontal (c'est le cas du Michell 710, créé dans les années 1960), d'autres à la verticale (c'est le cas du Cordel de la marque Abeille® dont la fabrication a cessé en 1992). Ces moulinets sont encore utilisés de nos jours, mais ils intéressent surtout les collectionneurs, qui se les arrachent à bon prix. Plusieurs inconvénients les rendent quelque peu obsolètes, comme l'absence de frein réglable et un poids important.

LES SOIES

La soie est un élément essentiel de l'équipement du pêcheur à la mouche. C'est elle qui permet de propulser la mouche à bonne distance, de façon naturelle. Comment faire le bon choix ? En fonction de plusieurs critères essentiels, comme le profil, la densité et le poids.

POUR BIEN COMPRENDRE

La soie est la partie principale de la ligne. Enroulée sur la bobine du moulinet, entre le backing et le bas de ligne, elle est fabriquée en soie naturelle ou en matériau synthétique. Si les modèles en soie naturelle ont de nombreuses qualités, ils sont généralement plus coûteux et exigent d'être bien entretenus (graissage et séchage après chaque partie de pêche...). **À savoir :** le backing est une ligne de bourrage. Généralement constitué d'une tresse, il sert de réserve de fil. Il est très utile lorsqu'il s'agit de combattre des poissons puissants qui ont tôt fait de vider la bobine de votre moulinet, ou de préremplir une bobine de grande contenance.

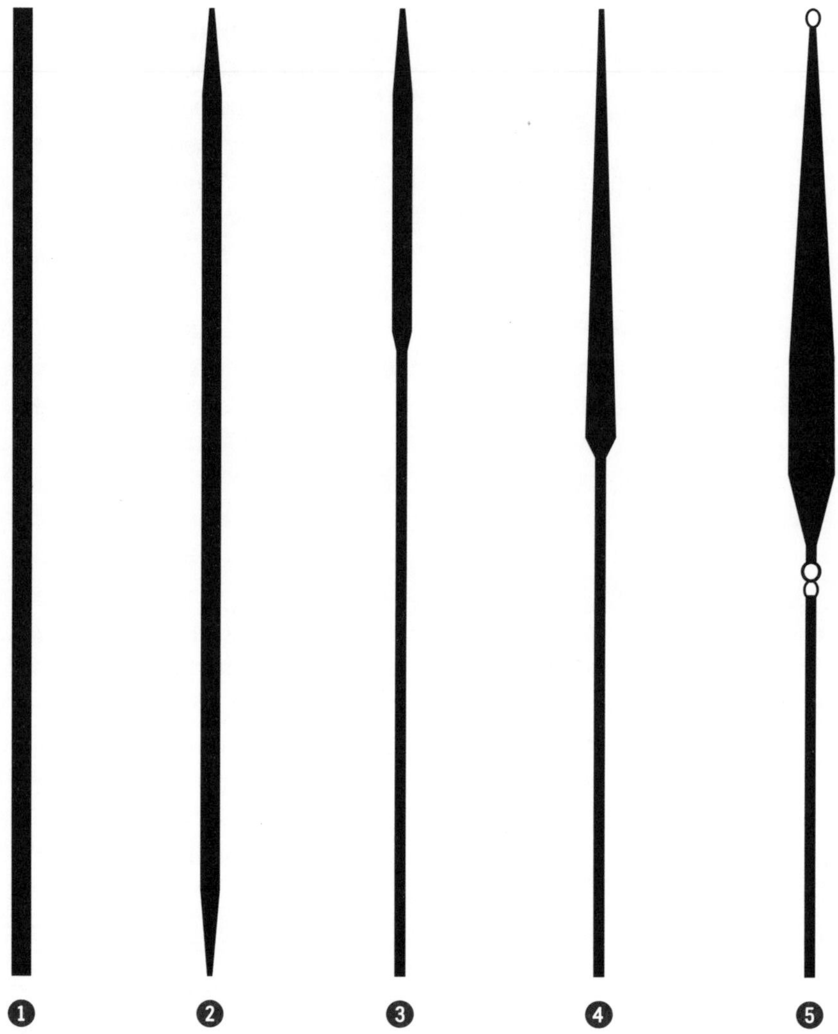
1
2
3
4
5

LE PROFIL

Les soies parallèles ❶

Codées L (pour « *level* »), ces soies présentent un même diamètre sur toute leur longueur. Ce sont surtout les amateurs de soie naturelle qui les utilisent. Elles sont plus difficiles à lancer et conviennent pour pêcher sur de courtes distances. L'avantage de ces soies par rapport à d'autres ? Lorsque le bout fixé au bas de ligne est usé, il peut être coupé sans nuire à l'équilibre de l'ensemble. Une autre solution consiste à retourner la soie sur le moulinet (elle est utilisable dans les deux sens).

Les soies à double fuseau ❷

Codées DT (pour « *double taper* »), ces soies ont un diamètre dégressif à chaque extrémité. Comme les soies parallèles, elles sont réversibles, mais contrairement à ces dernières, leur usage est beaucoup plus commun. Les pêcheurs les apprécient particulièrement pour leur polyvalence. Elles conviennent bien pour pêcher sur de courtes et sur de moyennes distances.

Les soies à fuseau décentré ou décalé ❸

Codées WF (pour « *weight forward* »), ces soies, dont le poids est concentré vers l'avant, permettent des lancers plus longs qu'avec une soie à double fuseau, mais le posé se fait de façon un peu moins délicate. Avec de la pratique, le pêcheur peut facilement corriger ce petit défaut. Elles ont également un avantage pour pêcher dans des conditions difficiles (avec un vent de face, par exemple), ou propulser une grosse mouche.

Contrairement aux modèles parallèles ou à double fuseau, elles ne sont pas réversibles.

Les soies à fuseau triangulaire ❹

Codées TT (pour « *triangle taper* »), ces soies présentent également une forme de fuseau, avec une conicité caractéristique. Elles permettent d'effectuer de longs lancers, comme avec une soie à fuseau décentré. Elles se comportent particulièrement bien lors des lancers roulés.

Les têtes de lancer ❺

Codés ST ou SH (pour « *shooting taper* » ou « *shooting head* »), ces soies courtes (9 à 14 mètres environ) sont fixées à une ligne spéciale (« *shooting line* » ou « *running line* ») ayant le profil d'une soie parallèle. Elles permettent d'atteindre de grandes distances, mais leur utilisation exige un certain savoir-faire.

LA DENSITÉ

Les soies autoflottantes

Ces soies ont une densité inférieure à celle de l'eau, ce qui les rend flottantes. On s'en sert pour pêcher à la mouche sèche, mais aussi pour pratiquer d'autres techniques (noyée, nymphe, streamer, popper) à faible profondeur.

Les soies intermédiaires

Ces soies offrent un compromis entre les soies autoflottantes et les soies plongeantes. Elles coulent légèrement et conviennent bien pour pêcher à proximité de la surface de l'eau, avec une nymphe ou une mouche noyée, par exemple. Certains pêcheurs les utilisent également pour pêcher en sèche, après les avoir graissées.

Les soies plongeantes

Dans cette catégorie, on trouve des soies plus ou moins denses, ayant des vitesses de plongée variables selon les modèles. Elles vous permettront ainsi de vous adapter à la profondeur de pêche et à la force du courant. Plus la soie est dense et plus vous aurez la possibilité de faire évoluer votre mouche vers le fond.

Les soies à pointe plongeante

Il existe aussi des soies particulières dont seule la pointe est plongeante. Elles sont particulièrement intéressantes pour faire évoluer une mouche à bonne profondeur dans les eaux vives, là où une soie plongeante risquerait d'être mal maîtrisée. La partie principale de la soie étant flottante, elle oppose moins de résistance au courant.

LE POIDS

Pour bien pêcher, le poids de la soie doit être adapté à la puissance de la canne. Comment faire son choix? En suivant les indications inscrites sur votre canne à mouche ! Globalement, on distingue trois catégories:

❶ Les soies légères (nos 2 à 4).
❷ Les soies de poids moyen (nos 5 à 8).
❸ Les soies lourdes (nos 9 à 12).

À chaque numéro de soie correspond le poids des neuf premiers mètres.

Pour en savoir plus, reportez-vous à l'encadré « À retenir ! ».

À RETENIR !

Pour faciliter le choix du moucheur, l'AFTMA (American Fishing Tackles Manufacturers Association) a établi une codification universelle permettant de s'y retrouver parmi les différentes caractéristiques des soies mises sur le marché. Profils et densités sont indiqués par des termes anglais, des lettres et des chiffres.

PROFILS	DENSITÉS	POIDS
Parallèle: *level* (L)	**Soie flottante:** *floatting* (F)	**Soie n° 1:** 3,9 g
Double fuseau: *double taper* (DT)	**Soie intermédiaire:** *intermediate* (I)	**Soie n° 2:** 5,2 g
Fuseau décentré: *weight forward* (WF)	**Soie flottante à pointe plongeante:** *floating sinking tip* (FS)	**Soie n° 3:** 6,5 g
Tête de lancer: *shooting taper* (ST) ou *shooting head* (SH)	**Soie plongeante:** *sinking* (S)	**Soie n° 4:** 7,8 g
	Soie plongeant lentement: *slow sinking* (SI)	**Soie n° 5:** 9,1 g
	Soie plongeant rapidement: *fast sinking* (SII à SIII)	**Soie n° 6:** 10,4 g
	Soie plongeante à très haute densité: *extra fast sinking* (SIV à SVI)	**Soie n° 7:** 12 g
		Soie n° 8: 13,6 g
		Soie n° 9: 15,6 g
		Soie n° 10: 18,1 g
		Soie n° 11: 21,4 g
		Soie n° 12: 24,6 g

LES BAS DE LIGNE

Les bas de ligne sont des éléments importants pour le moucheur. Situés entre la soie et la mouche, ils jouent un rôle essentiel dans la parfaite présentation de votre artificielle.

LA QUEUE-DE-RAT

Dans le commerce, vous trouverez des bas de ligne d'un seul tenant, sans nœuds. Leur diamètre décroît jusqu'à leur extrémité. Ils sont pratiques à utiliser, mais ont un inconvénient : si vous écourtez leur pointe pour une raison ou pour une autre (pour supprimer une éraflure, par exemple), vous modifierez le diamètre d'origine. Pour y remédier, certains pêcheurs ne se cassent pas la tête et ajoutent une portion de fil, par l'intermédiaire d'un nœud ou d'une microboucle.

LES BAS DE LIGNE À NŒUDS

Ils sont réalisés en plusieurs brins (noués bout à bout), de tailles et de diamètres différents, afin d'obtenir un posé délicat de la mouche à la surface de l'eau. L'énergie déployée lors du lancer doit pouvoir se transmettre de façon harmonieuse tout au long de la ligne.

COMMENT ABOUTER LES DIFFÉRENTS BRINS ?

Plusieurs solutions existent. Deux grands classiques : le nœud double universel et le nœud baril.

Le nœud double universel

❶ Après avoir placé les deux fils côte à côte, formez une boucle, puis enroulez le premier brin comme indiqué sur le dessin, en faisant ressortir son extrémité.

❷ Humectez de salive et serrez.

❸ Formez une autre boucle, puis enroulez le deuxième brin dans le sens opposé, en faisant également ressortir son extrémité.

❹ Humectez de salive et serrez.

❺ Tirez doucement de chaque côté pour que les deux nœuds se rejoignent, serrez bien et coupez les excédents de fil.

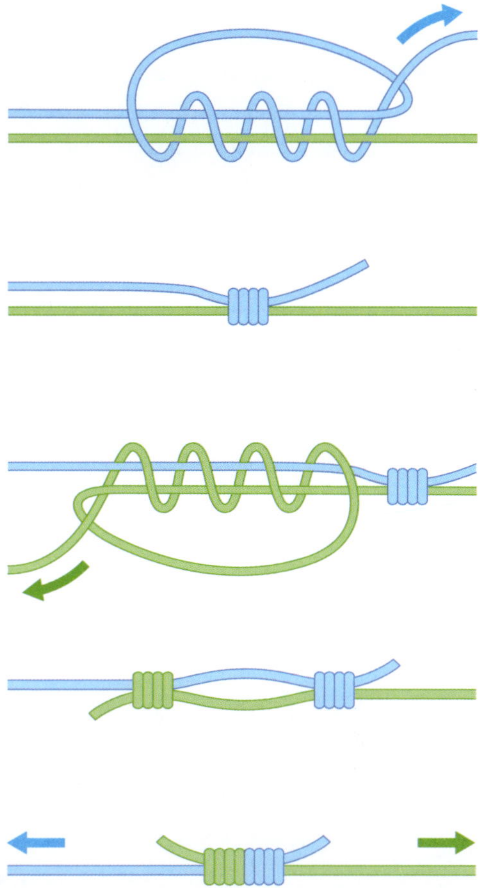

Le nœud baril

❶ Après avoir juxtaposé les deux fils de votre bas de ligne, enroulez le brin A autour du brin B et le brin B autour du brin A. Ramenez ensuite chaque extrémité vers le milieu, afin de pouvoir les enfiler dans la boucle centrale.

❷ Après avoir formé le nœud progressivement, humectez de salive et coupez les excédents de fil.

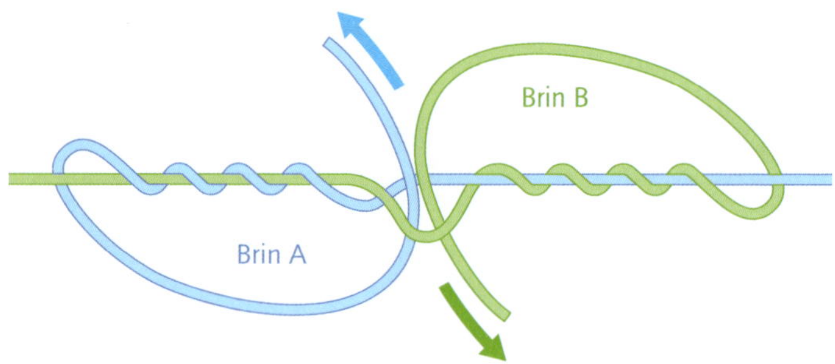

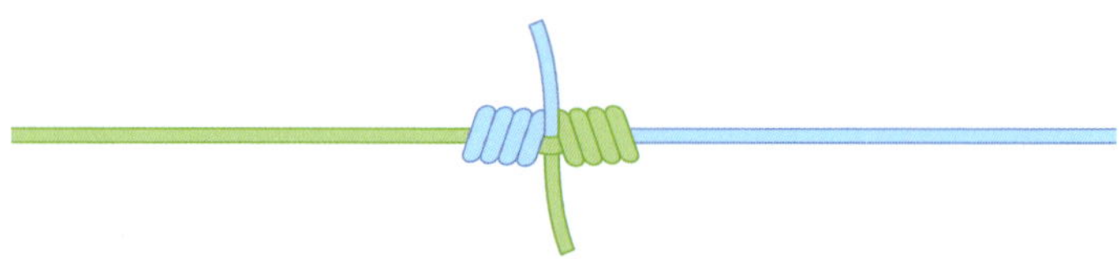

COMMENT RACCORDER LE BAS DE LIGNE À LA SOIE ?

Ces deux méthodes ont fait leurs preuves. Elles sont relativement simples et suffisamment solides pour maîtriser un beau poisson.

L'utilisation d'un tube

❶ Après avoir placé le tube sous la soie, commencez par enrouler l'extrémité supérieure du bas de ligne, comme indiqué sur le dessin.

❷ Faites quatre ou cinq spires jointives et passez le bout du bas de ligne dans le tube.

❸ Enlevez le tube.

❹ Serrez le nœud progressivement, puis coupez l'excédent de fil. Pour consolider le raccord, n'hésitez pas à mettre une goutte de colle.

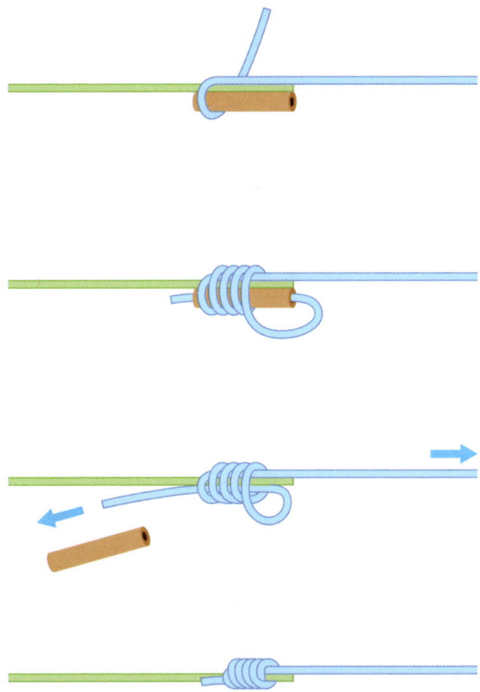

L'utilisation d'une aiguille

❶ Chauffez l'aiguille à la flamme d'un briquet et percez la soie.

❷ Grâce à l'aiguille, enfilez la partie supérieure du bas de ligne. Bloquez-la ensuite en faisant fondre son extrémité.

❸ Versez une goutte de colle.

❹ Tirez sur le bas de ligne pour que l'extrémité du bas de ligne bute sur la soie. Après séchage, supprimez la partie brûlée à l'aide d'un cutter.

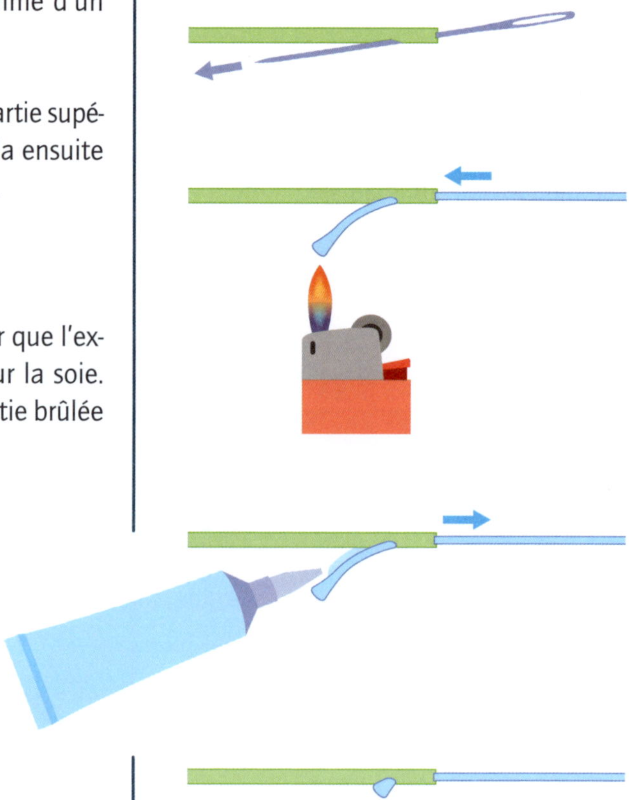

LA FIXATION D'UNE MOUCHE

De tous les nœuds servant à fixer une mouche artificielle, celui-ci figure parmi les plus simples.

❶ Passez le bout de votre fil dans l'œillet et enroulez le fil pour ramener la pointe comme indiqué sur le dessin.

❷ Passez-la ensuite dans la petite boucle.

❸ Puis dans la grande boucle.

❹ Humectez de salive, serrez le nœud et coupez l'excédent de fil.

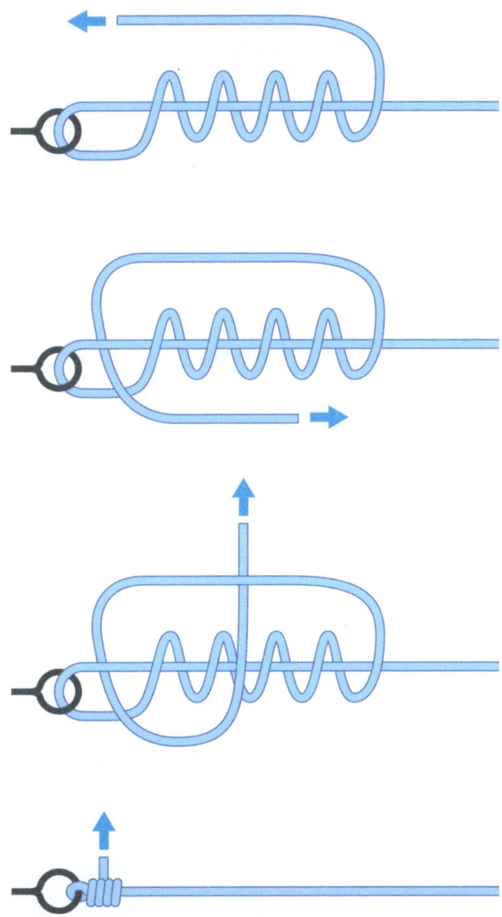

UN PEU D'ENTOMOLOGIE

Pour piéger les poissons, en particulier les truites, le pêcheur à la mouche utilise des imitations d'insectes appartenant à différents ordres. Lesquels ? La réponse, ici et maintenant !

LES COLÉOPTÈRES

Dans cet ordre, on trouve les scarabées (le hanneton, par exemple). Ces insectes se reconnaissent grâce à leurs ailes antérieures épaisses et plus ou moins rigides, les élytres. Les poissons s'en nourrissent occasionnellement, notamment en été, lorsque ces petites bêtes sont abondantes et se retrouvent dans l'eau suite à une chute.

LES DIPTÈRES

Parmi ces insectes qui inspirent les monteurs de mouches, les chironomidés, les culicidés et les simuliidés figurent en bonne place. Les premiers sont des moustiques qui ne piquent pas et dont les larves (les vers de vase) sont bien connues des pêcheurs au coup, car ils s'en servent comme appâts. Les deuxièmes sont également des moustiques, mais ils piquent. Quant aux simuliidés, il s'agit des moucherons.

LES ÉPHÉMÉROPTÈRES

Parmi ces insectes, on trouve le grand éphémère, également connu sous le nom de « mouche de mai ». Il est très imité pour confectionner des mouches artificielles, que ce soit à l'état d'imago (forme adulte) ou de nymphe (forme larvaire). Dans sa forme adulte, la mouche de mai montre un corps allongé se terminant par des cerques (appendices situés en queue), et des ailes nervurées.

LES HYMÉNOPTÈRES

Fourmis, guêpes et abeilles appartiennent à cet ordre. À la belle saison, guêpes et abeilles tombent fréquemment à l'eau. Les poissons ne manquent pas de les manger. Il en est de même des fourmis volantes qui, lors des essaimages, constituent une source de nourriture importante.

LES LÉPIDOPTÈRES

Ce sont les papillons. Ils présentent peu d'intérêt pour les moucheurs, car les poissons ne les consomment guère, sauf peut-être à l'état de chenilles, lorsque l'une d'entre elles vient à chuter dans l'eau.

LES MÉGALOPTÈRES

Ces insectes ont des airs de ressemblance avec les trichoptères. Au repos, les ailes membraneuses et nervurées des individus adultes sont également disposées en toit. Les antennes pointent vers l'avant. Les pêcheurs appellent ces petites bêtes « mouches de saule » ou « mouches de l'aulne ».

LES ORTHOPTÈRES

Ce sont les sauterelles, les criquets et les grillons. Si ces insectes sont fréquemment utilisés comme appâts naturels par le pêcheur à rôder, le moucheur les néglige. Pourtant, une imitation a toutes ses chances d'intéresser les poissons qui s'en nourrissent pendant la saison chaude où de nombreux spécimens se retrouvent dans l'eau.

LES PLÉCOPTÈRES

Au repos, les adultes montrent des ailes repliées à plat sur le dos. Elles sont membraneuses et nervurées. Les pêcheurs appellent ces insectes « mouches de pierre », car ils se posent fréquemment sur les rochers, au bord de l'eau. Les plus imités pour réaliser des mouches artificielles appartiennent à la famille des perlidés.

LES TRICHOPTÈRES

C'est dans cet ordre que l'on rencontre le fameux porte-bois, ou porte-pierre, une larve qui fabrique un fourreau avec des matières végétales ou minérales. À l'âge adulte, les trichoptères ont des ailes membraneuses couvertes de poils, disposées en toit au repos. Les antennes sont longues et pointent vers l'avant.

LE CYCLE DE VIE DES ÉPHÉMÉROPTÈRES

Quelle que soit leur famille (éphéméridés, baétidés, heptagéniidés...), ces insectes sont fréquemment imités pour réaliser des mouches à truites. Dans les milieux aquatiques, on les rencontre à différents stades de développement.

LE STADE LARVAIRE OU « NYMPHAL »

Après l'accouplement, les femelles déposent leurs œufs sur ou dans l'eau, puis meurent rapidement d'épuisement. Les mâles subissent le même sort. Parvenus au fond de l'eau, les œufs vont donner naissance à des larves minuscules qui vont muer plusieurs fois et se transformer pour devenir ce que les moucheurs appellent des nymphes. **À savoir**: pour l'entomologiste scrupuleux, le développement des éphémères ne passe pas par un stade nymphal. Il est donc impropre d'utiliser ce terme. Quoi qu'il en soit, cette vie aquatique dure de quelques semaines à plus de deux ans, selon les espèces.

VERS LE STADE ADULTE

L'insecte qui remonte vers la surface et dérive dans le courant ne s'est pas encore transformé totalement. Il s'agit d'un subimago. Pendant cette période qui dure peu de temps, il se dégage de sa cuticule et finit par gagner la végétation rivulaire pour une ultime mue. Ses ailes sèchent, se consolident, et son corps prend sa forme adulte.

LES IMAGOS

Au terme de leur métamorphose, les éphéméroptères entament leur cycle de reproduction au-dessus de l'eau, dans un ballet aérien caractéristique fait de mouvements ascendants et descendants. Lorsque les insectes meurent, ils finissent par étaler leurs ailes à la surface de l'eau. Les moucheurs les appellent des « *spents* », un terme anglais.

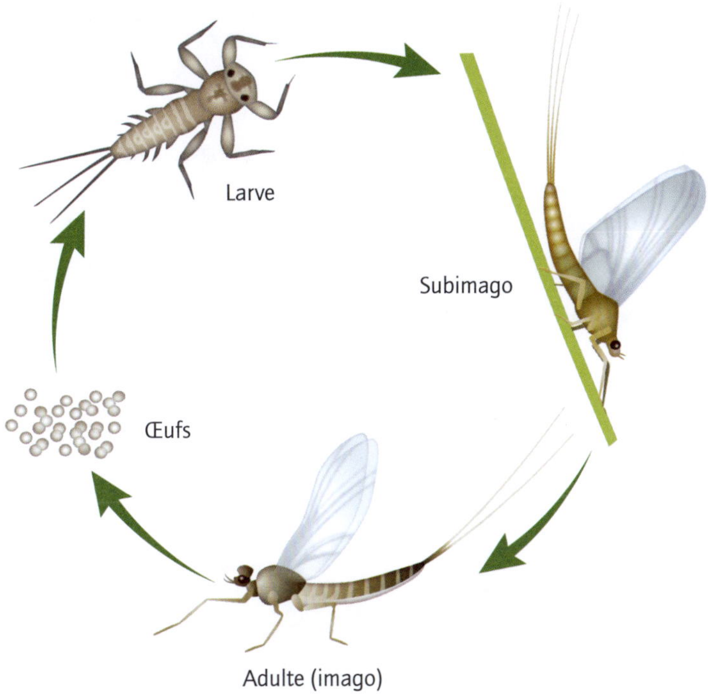

1
2
3
4
5
6

CONFECTIONNER SES MOUCHES : LE MATÉRIEL

Dans le commerce, vous pourrez acquérir des mouches déjà montées. Elles sont efficaces, mais de nombreux moucheurs préfèrent les fabriquer eux-mêmes. Avec quels outils ? Voici un aperçu de ce qu'il faut se procurer.

L'ÉTAU ❶

Il existe des modèles spécifiques au montage des mouches. Certains sont sophistiqués, avec une tête rotative qui permet d'enrouler des matériaux de façon très régulière autour de la tige de l'hameçon. D'autres offrent simplement d'avoir les mains libres pour pouvoir exécuter le travail de montage.

LE PORTE-BOBINE ❷

Il est indispensable pour maintenir la bobine de fil (soie naturelle ou synthétique, tinsel, fil métallique...) pendant le montage, et permet également de la mettre en attente, lorsque c'est nécessaire, sans que celle-ci se dévide de façon intempestive.

LA PINCE À HACKLE ❸

Elle est destinée à tourner les plumes et les autres matériaux autour de la tige de l'hameçon, pour former une collerette, par exemple. L'extrémité de la plume est fixée entre ses petites mâchoires. Le monteur enfile son index dans la partie bouclée.

LES CISEAUX ET LES CLIPPERS ❹

Choisissez des petits ciseaux fins : ils vous permettront de couper un fil, une plume ou tout autre matériau relativement mou. Concernant les clippers, ou ciseaux à ressort, ils seront parfaits pour tailler les poils utilisés pour confectionner vos mouches.

LE TUBE À DEMI-CLÉ ❺

En forme de tube, cet outil sert à la réalisation des demi-clés (nœuds d'arrêt pour finaliser les mouches). Comment l'utiliser ? L'un des bouts se place contre l'œillet de l'hameçon. Il reste ensuite à tourner le fil avec les doigts autour du tube et à bloquer la boucle ainsi formée en tirant sur le fil de montage.

LE TWISTER À DUBBING ❻

Pour réaliser une mèche de poils naturels ou synthétiques en vue de confectionner le corps d'une mouche, il est possible de faire simple, en poissant des fibres sur le fil de montage (voir pages 44-45). Pour mieux emprisonner les fibres et pour plus de solidité, ce dernier peut être doublé.

LE WIP-FINISHER ❼

Comme le tube à demi-clé, le wip-finisher permet de finaliser une mouche grâce à un nœud d'arrêt. Contrairement aux apparences, son utilisation n'a rien de compliqué ; il faut juste avoir le coup de main. Un peu d'entraînement, et le tour est joué !
Les trois premières étapes de réalisation d'un nœud d'arrêt avec cet instrument consiste à tourner le fil de montage autour de l'œillet de l'hameçon pour former une boucle, tout en le maintenant tendu. Lors de la dernière étape, il faut tirer sur ce même fil pour résorber la boucle, puis dégager les crochets.

BIEN UTILE

Dans le commerce, vous trouverez des kits de montage prêt à l'emploi. Il vous manquera sans doute quelques outils, mais vous pourrez faire vos premiers pas.

7

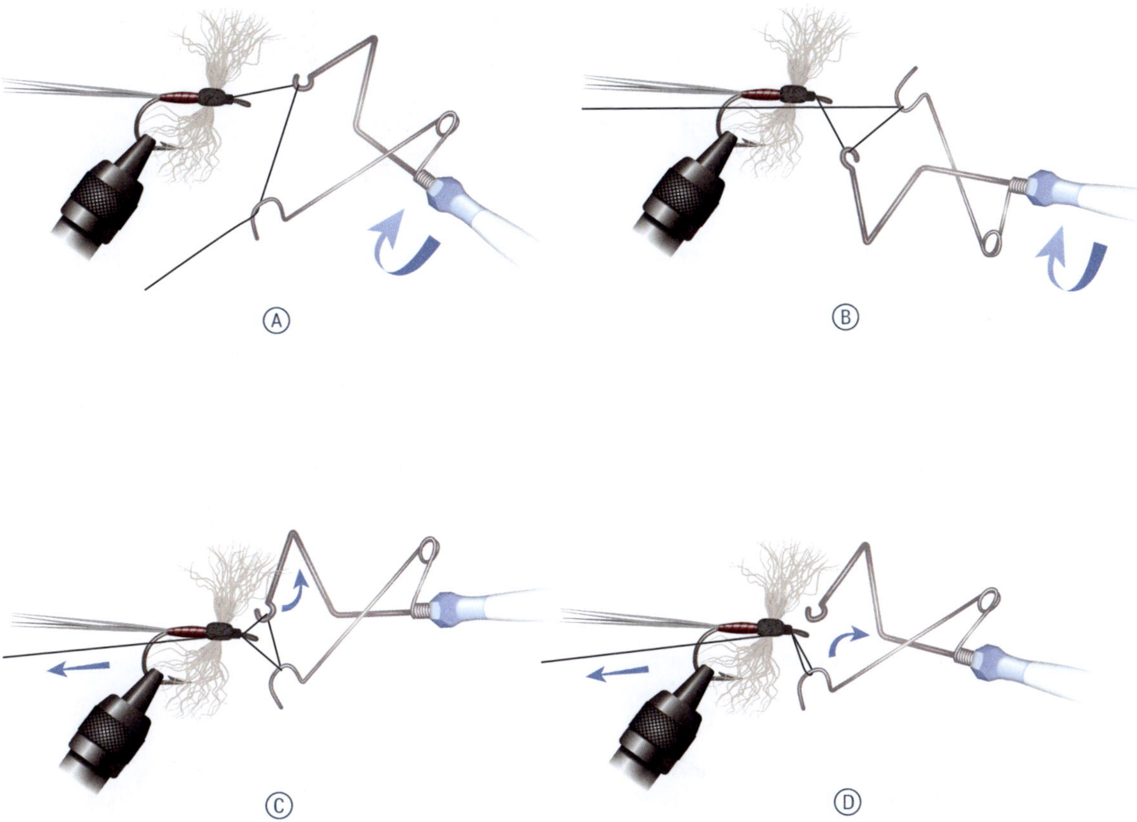

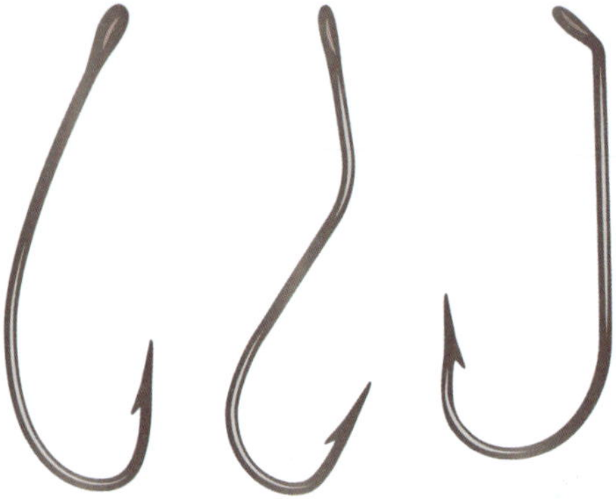
1

2

3

4

5

6

CONFECTIONNER SES MOUCHES : LES MATÉRIAUX

Autrefois, les monteurs de mouches se débrouillaient comme ils pouvaient pour s'approvisionner en matériaux divers. Aujourd'hui, il est très facile de se les procurer chez les détaillants en articles de pêche ou sur Internet.

LES HAMEÇONS ❶

Les hameçons employés pour monter des mouches sont particuliers. Un grand nombre d'entre eux présentent un œillet incliné vers le bas, mais il existe aussi des modèles à œillet droit ou incliné vers le haut, c'est-à-dire orienté à l'opposé de la pointe de l'hameçon. D'autres ont une forme très spécifique : ceux destinés à réaliser certaines nymphes, par exemple.

LES FILS DE MONTAGE ❷

La plupart de ces fils, connus sous l'appellation de « soies de montage », ne sont pas en soie naturelle : il en existe également en matière synthétique. Quant à ceux en plomb ou en cuivre, le monteur de mouches s'en sert principalement pour lester ses réalisations.

LES PLUMES ❸

Toutes sortes de plumes peuvent être employées : celles du coq, celles du canard, du faisan ou encore du paon et de l'autruche. Les boutiques spécialisées proposent également des plumes synthétiques.

LES POILS ❹

Ils proviennent d'une grande variété d'animaux (lièvres, lapins, écureuils, ragondins, taupes, cervidés...) ou sont synthétiques. Les monteurs de mouches en font de nombreux usages : la réalisation d'un corps en dubbing, par exemple. Les poils sont alors fixés au fil de montage (doublé ou pas) avec de la poix, puis tournés sur la tige de l'hameçon.

LES MATÉRIAUX SYNTHÉTIQUES ❺

Le choix est immense et pas toujours facile à faire, car les fabricants en ont plus d'un dans leur catalogue. Sachez tout de même que les chenilles synthétiques, semblables à des miniguirlandes, vous seront indispensables pour fabriquer de nombreux streamers. La mousse synthétique a également son utilité (pour former une tête de faible densité ou le corps d'une coccinelle, par exemple). Quant au celluloïd, il peut servir à réaliser les ailes d'un insecte.

LES BILLES ET LES CASQUES ❻

Billes et casques sont en laiton, en tungstène, parfois en cuivre, voire en verre ou en plastique. Ils peuvent également être revêtus d'une couleur plus ou moins flashy. Placés en tête des nymphes ou des streamers, ils les lestent et agissent comme des teasers (éléments destinés à attirer l'attention des poissons).

LE VERNIS

Il permet de renforcer un nœud d'arrêt, de solidifier un montage ou de donner un aspect lisse et brillant au corps d'une mouche. Certains sont transparents, d'autres colorés. Il existe aussi des résines et autres plastifiants.

LA COLLE

La plupart des colles employées sont de type cyano (superglu) ou époxy. Elles doivent résister à l'eau. On utilise de la colle pour solidifier un montage, le corps d'une mouche, fixer solidement un élément ou renforcer un nœud d'arrêt.

LA POIX

Conditionnée en stick ou en flacon, la poix sert principalement à imperméabiliser le fil de montage ou à faire adhérer les poils d'un dubbing sur une soie de montage. Celle qui nous intéresse est obtenue à partir de matières végétales (comme la résine) et non pas de goudron.

INSOLITE

En Limousin, notamment à Neuvic, on élève des coqs « de pêche ». Leurs plumes, d'une qualité remarquable, conviennent parfaitement pour le montage des mouches. Pour s'en procurer, certains connaisseurs dépensent des milles et des cents.

D'AUTRES PROIES À IMITER

Les moucheurs n'utilisent pas seulement des imitations d'insectes pour tenter les poissons. Les streamers peuvent imiter des alevins, des poissonnets, mais aussi des crustacés (crevettes, crabes, gammares), des amphibiens (grenouilles, salamandres), voire des vers ou des sangsues. Il existe même des modèles en forme de souris, qui plaisent particulièrement au brochet. Quant aux poppers, que l'on manie en surface, un grand nombre de modèles ressemblent à des grenouilles. Ils sont très efficaces pour pêcher le black-bass. **À savoir :** en mer, le moucheur ne privilégie pas les imitations d'insectes : il utilise principalement des streamers en forme de poissons, de crabes ou de crevettes.

CONFECTIONNER SES MOUCHES : 5 EXEMPLES DE MONTAGE

Il faudrait un livre entier pour découvrir les nombreux montages de mouches. En voici quelques-uns plutôt faciles à réaliser. Si vous n'avez pas la fibre du bricoleur, pas de panique ! Vous trouverez des mouches prêtes à l'emploi dans le commerce.

L'ARAIGNÉE

Cette mouche sèche n'imite pas une araignée, mais des insectes de la famille des éphémères. Elle est parfaite pour pêcher la truite, l'ombre ou le chevesne.

→ CE QU'IL VOUS FAUT POUR LA RÉALISER

1 hameçon mouche ◆ 1 étau de montage ◆ du fil de montage de couleur noire et son porte-bobine ◆ 1 plume de faisan ◆ 1 quill de paon gris ◆ 1 pince à hackle ◆ 1 paire de petits ciseaux ◆ 1 plume de coq gris foncé ◆ du vernis

→ À VOTRE ÉTAU !

❶ Après avoir placé l'hameçon dans l'étau, fixez le fil de montage derrière son œillet et amenez-le jusque vers la courbure.

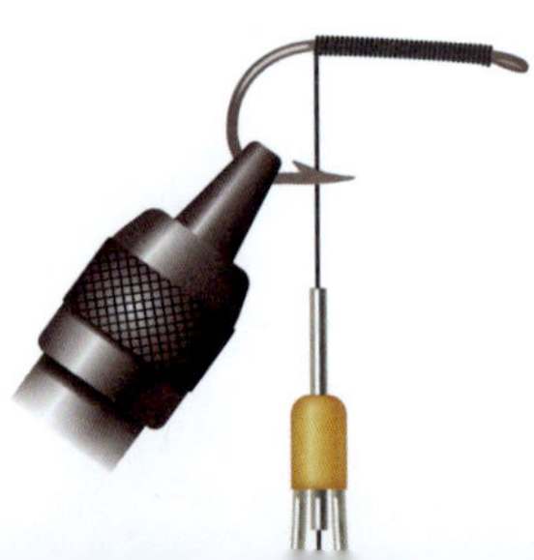

❷ Prélevez quelques fibres à la plume de faisan et fixez-les en effectuant des enroulements.

❸ Fixez le quill de paon et amenez le fil de montage jusqu'aux deux tiers de la hampe de l'hameçon.

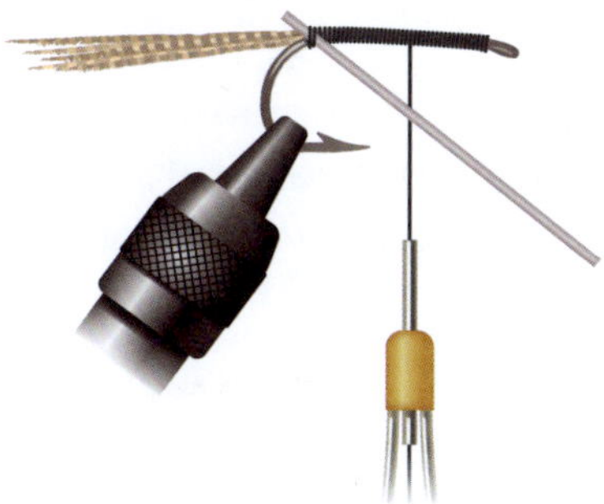

❹ Avec la pince à hackle, enroulez le quill jusqu'aux deux tiers de la hampe de l'hameçon, puis bloquez-le par quelques tours de fil avant de couper l'excédent de quill avec les ciseaux.

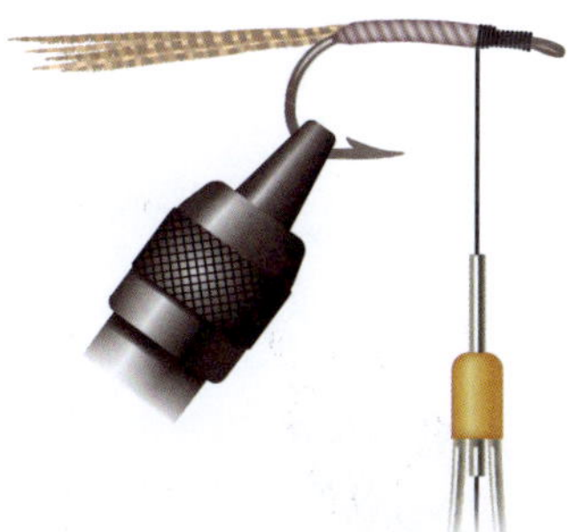

❺ Fixez la plume de coq et tournez-la en collerette à l'aide de la pince à hackle, avant de la bloquer et de couper l'excédent de plume.

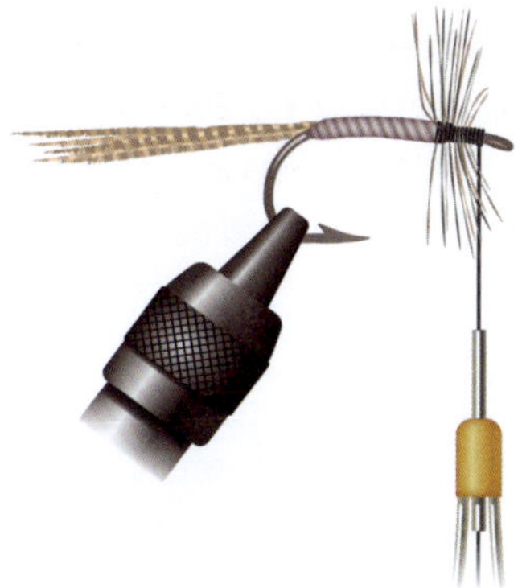

❻ Après avoir formé la tête par des enroulements, effectuez une ou deux fausses clés, coupez le fil de montage et déposez une goutte de vernis.

LE SEDGE

Pour le pêcheur à la mouche, ce terme anglais désigne une imitation d'insecte de l'ordre des trichoptères parvenu au stade adulte. Plusieurs espèces en sont friandes, dont la truite et le chevesne.

→ CE QU'IL VOUS FAUT POUR LE RÉALISER

1 hameçon mouche ◆ 1 étau de montage ◆ du fil de montage de couleur brune et son porte-bobine ◆ de la poix ◆ des poils de lapin ou de lièvre ◆ 2 plumes de flanc de canard de couleur rousse ◆ 1 paire de petits ciseaux ◆ du vernis

→ À VOTRE ÉTAU !

❶ Placez l'hameçon dans l'étau, fixez le fil de montage derrière son œillet et amenez-le vers la courbure.

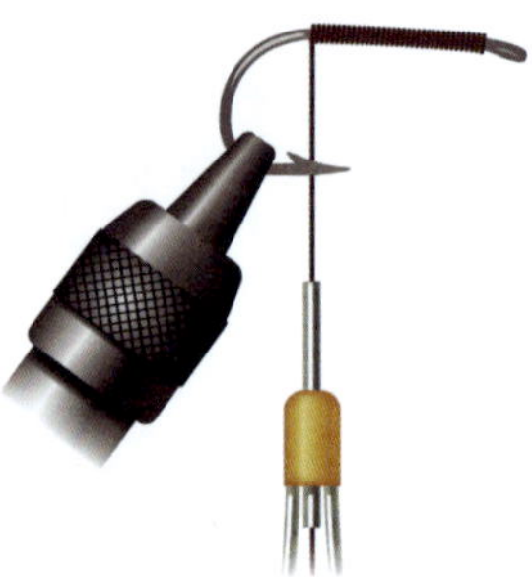

❷ Imprégnez de poix le fil de montage et formez une mèche de dubbing avec les poils de lapin ou de lièvre.

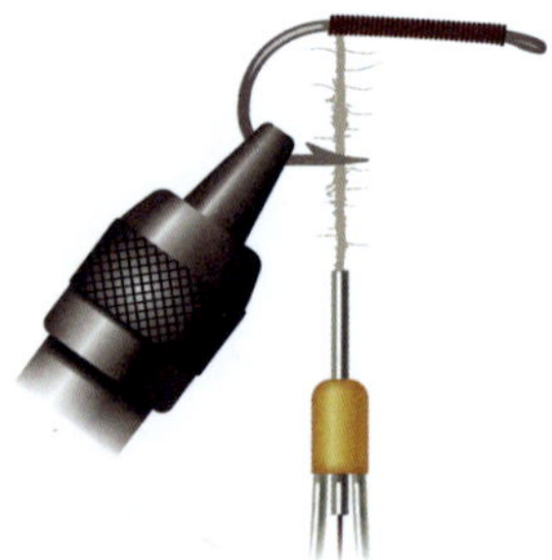

❸ Tournez le dubbing vers l'œillet et bloquez-le avec le fil de montage.

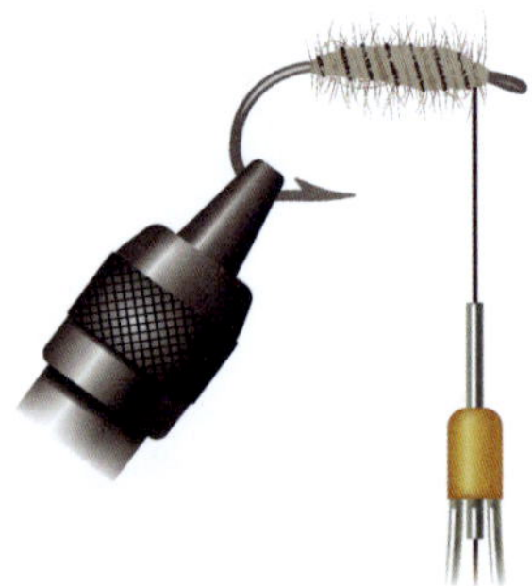

❹ Fixez l'une des plumes de canard sur l'un des flancs de la mouche.

❺ Fixez la deuxième plume de l'autre côté.

❻ Imprégnez de poix le fil de montage et formez à nouveau une mèche de dubbing avec les poils de lapin ou de lièvre.

❼ Tournez le dubbing en une sorte de collerette, formez la tête, puis faites une ou deux fausses clés avant de couper le fil avec les ciseaux et de déposer une goutte de vernis.

LA NYMPHE CASQUÉE

Cette mouche lestée par un casque de laiton imite une nymphe évoluant près du fond. Elle intéresse des poissons comme la truite, l'ombre et le barbeau.

→ CE QU'IL VOUS FAUT POUR LA RÉALISER

1 hameçon mouche ◆ 1 étau de montage ◆ du fil de montage de couleur orangée et son porte-bobine ◆ 1 paire de petits ciseaux ◆ 1 casque de laiton ◆ 1 plume de faisan ◆ 1 brin de nylon blanc ◆ du vernis

→ À VOTRE ÉTAU !

❶ Après avoir placé l'hameçon dans l'étau, fixez le fil de montage derrière son œillet, formez la tête de la mouche en effectuant des enroulements et une ou deux fausses clés.

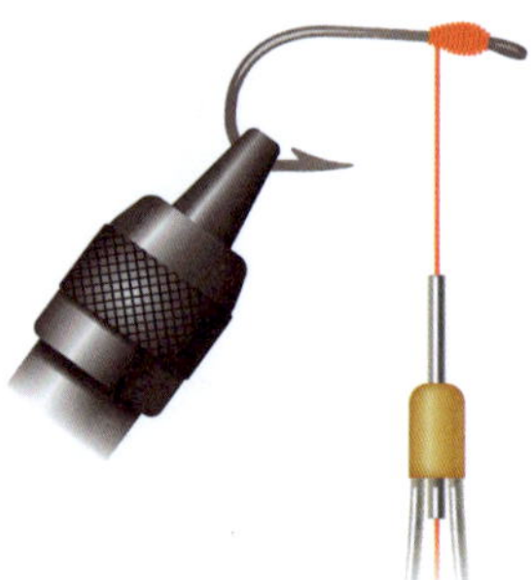

❷ Coupez le fil de montage avec les ciseaux, enfilez le casque de laiton et collez-le contre la tête.

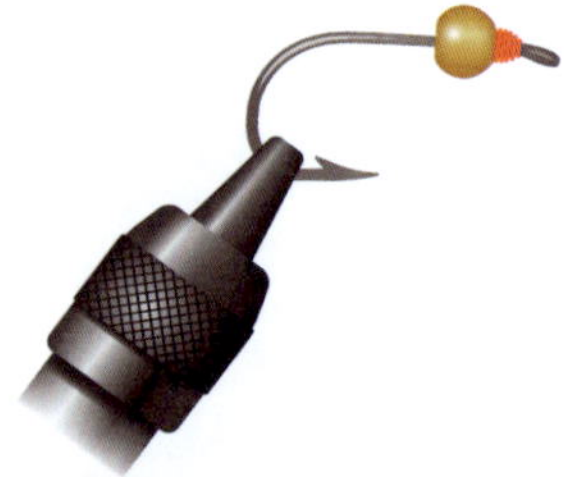

❸ Après avoir fixé le fil de montage derrière le casque, enroulez-le de manière à former un corps conique.

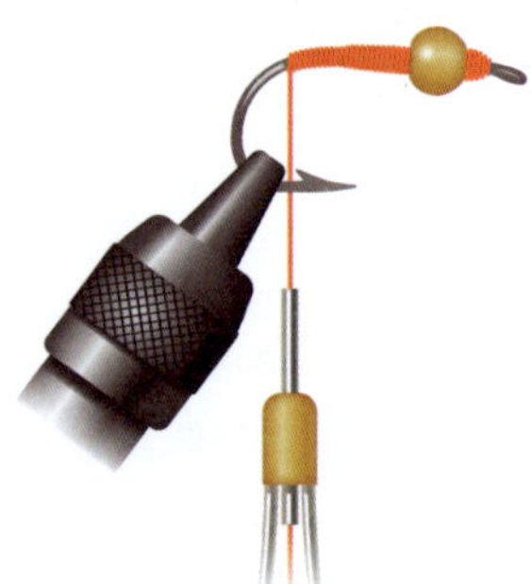

❹ Prélevez quelques fibres à la plume de faisan et fixez-les vers la courbure de l'hameçon.

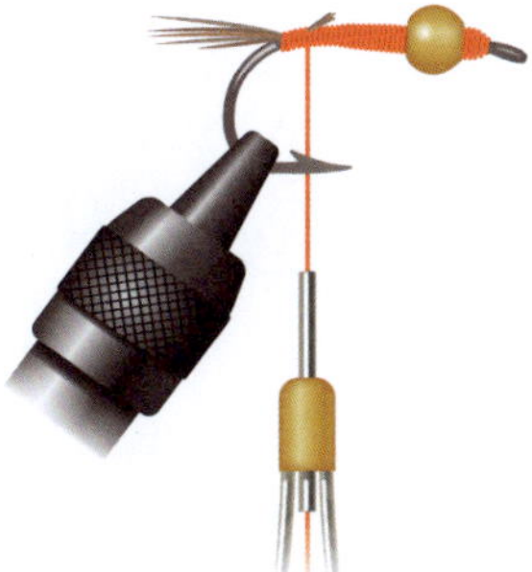

❺ Enroulez le fil pour l'amener vers le casque.

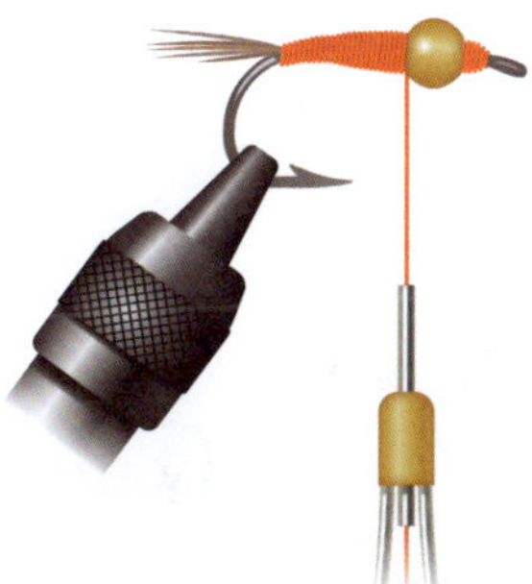

❻ Fixez le brin de nylon derrière le casque et recouvrez-le avec le fil de montage.

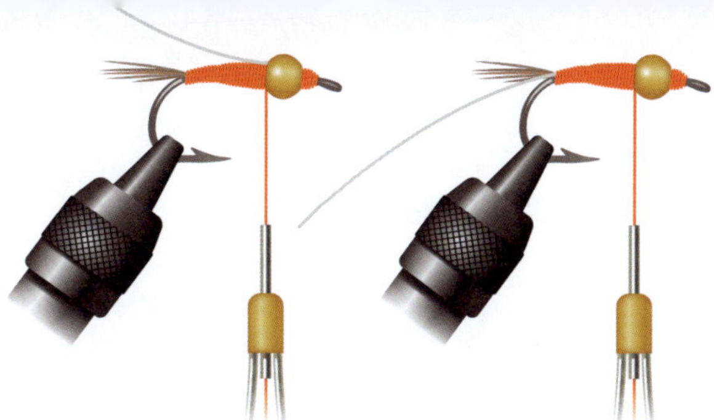

❼ Tournez le brin de nylon en spires régulières, bloquez-le, puis supprimez l'excédent.

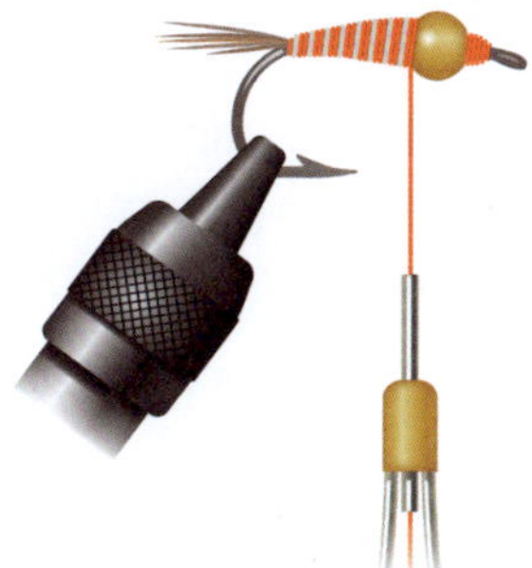

❽ Il vous reste à couper le fil de montage et à vernir abondamment le corps de la mouche.

LE STREAMER À HÉLICE

Ce streamer fonctionne bien pour pêcher les carnassiers en eau douce, mais aussi en mer. Dans l'eau, son hélice se met à tourner, ce qui crée des stimuli vibratoires attractifs.

→ CE QU'IL VOUS FAUT POUR LE RÉALISER

1 hameçon à œillet droit ◆ 1 étau de montage ◆ 2 perles en métal argenté ◆ 1 hélice en métal argenté ◆ du fil de montage de couleur noire et son porte-bobine ◆ 1 touffe de fibres synthétiques de couleur bleue ◆ des brins argentés de Flashabou® ◆ des brins de nylon noir Microlon® ◆ 1 paire de petits ciseaux ◆ du vernis ◆ 2 yeux holographiques ◆ de la colle forte

→ À VOTRE ÉTAU !

❶ Fixez l'hameçon à l'étau, après avoir enfilé l'une des perles.

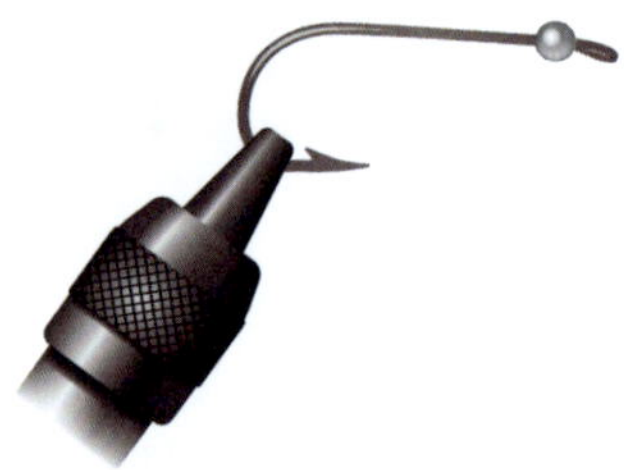

❷ Ajoutez l'hélice et la deuxième perle.

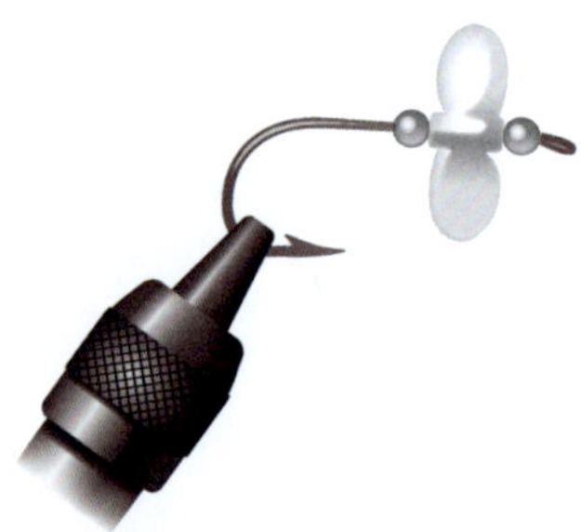

❸ Fixez le fil de montage derrière la perle et effectuez quelques enroulements.

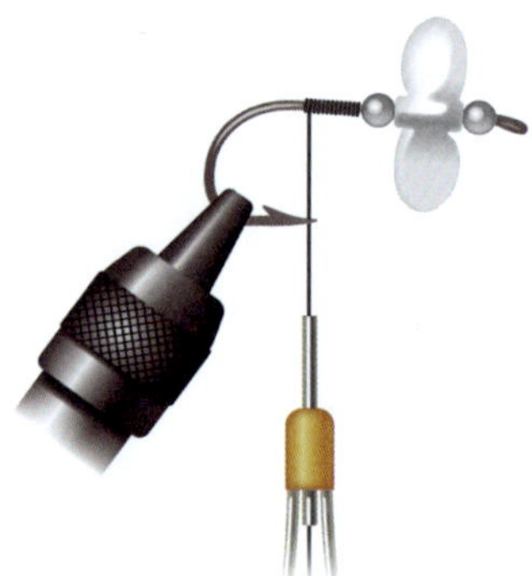

❹ Fixez la touffe de fibres synthétiques par des enroulements du fil de montage.

❺ Fixez les brins argentés par des enroulements du fil de montage.

❻ Ajoutez les brins de nylon sur le dos du streamer. Fixez-les par des enroulements et effectuez une ou deux fausses clés.

❼ Coupez le fil de montage, déposez une goutte de vernis, puis collez les yeux.

LE BOOBIE

C'est dans les réservoirs et autres plans d'eau que ce streamer à l'allure particulière fait un malheur pour pêcher les truites, en particulier les arcs-en-ciel.

→ CE QU'IL VOUS FAUT POUR LE RÉALISER

1 hameçon mouche ◆ 1 étau de montage ◆ 1 petit cylindre en mousse synthétique de couleur noire ◆ du fil de montage de couleur rouge et son porte-bobine ◆ 1 paire de petits ciseaux ◆ 1 plume de marabout de couleur rouge ◆ de la colle forte

→ À VOTRE ÉTAU !

❶ Après avoir placé l'hameçon dans l'étau, fixez le cylindre de mousse derrière l'œillet de l'hameçon par quelques tours de fil de montage.

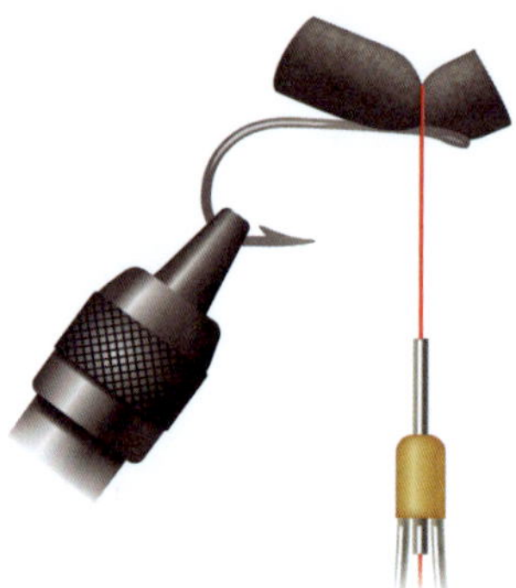

❷ Après avoir raccourci la partie arrière du cylindre de mousse avec les ciseaux, placez-le à la perpendiculaire de la tige de l'hameçon et poursuivez la fixation par des enroulements croisés en huit. Enroulez le fil sur la hampe pour l'amener à la naissance de la courbure de l'hameçon.

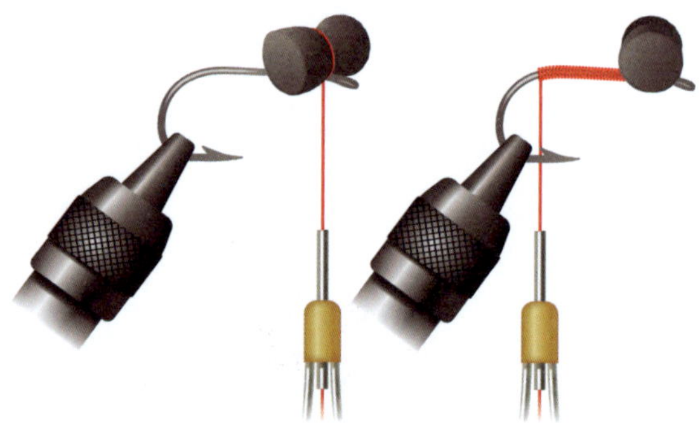

❸ Fixez la plume de marabout par quelques tours de fil de montage, puis torsadez-la.

❹ Tournez-la sur la hampe de l'hameçon jusqu'à la tête en mousse puis, après l'avoir bloquée, coupez l'excédent de plume avec les ciseaux.

❺ Amenez le fil vers l'œillet et faites quatre ou cinq tours avant de terminer par une ou deux fausses clés. Après avoir coupé le fil de montage, déposez une goutte de colle.

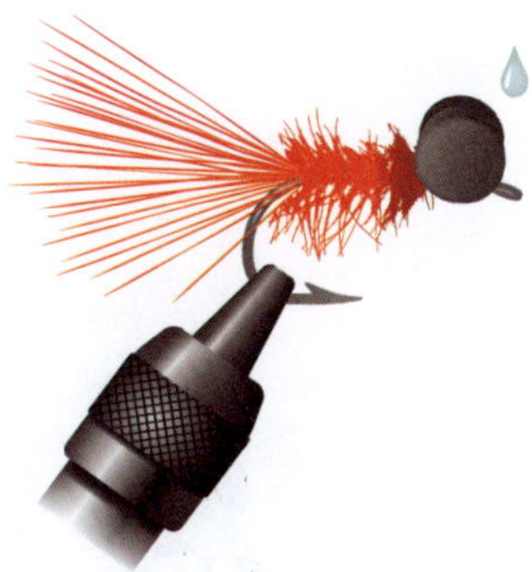

LES DIFFÉRENTS TYPES DE LANCERS

Pour celui qui n'a jamais pratiqué la pêche à la mouche, voir un pêcheur en pleine action est toujours un spectacle fascinant. Par des mouvements précis et un timing rigoureux, il parvient à propulser sa mouche à plus de 15 mètres de distance.

COMMENT TENIR LA CANNE ?

Il existe deux méthodes principales : certains pêcheurs placent leur pouce sur le dessus de la poignée, d'autres préfèrent utiliser leur index. Laquelle choisir ? À vous de voir ! L'essentiel reste d'être à l'aise. Sachez tout de même que la méthode avec l'index évite de trop « casser » le poignet lors des lancers, un défaut courant chez le moucheur débutant.

LE LANCER VERTICAL

C'est le plus couramment employé. Il permet de faire face à de nombreuses situations, pour peu que l'espace dont dispose le pêcheur derrière lui soit suffisant et qu'il n'y ait pas d'obstacles : des arbres ou une paroi rocheuse, par exemple.

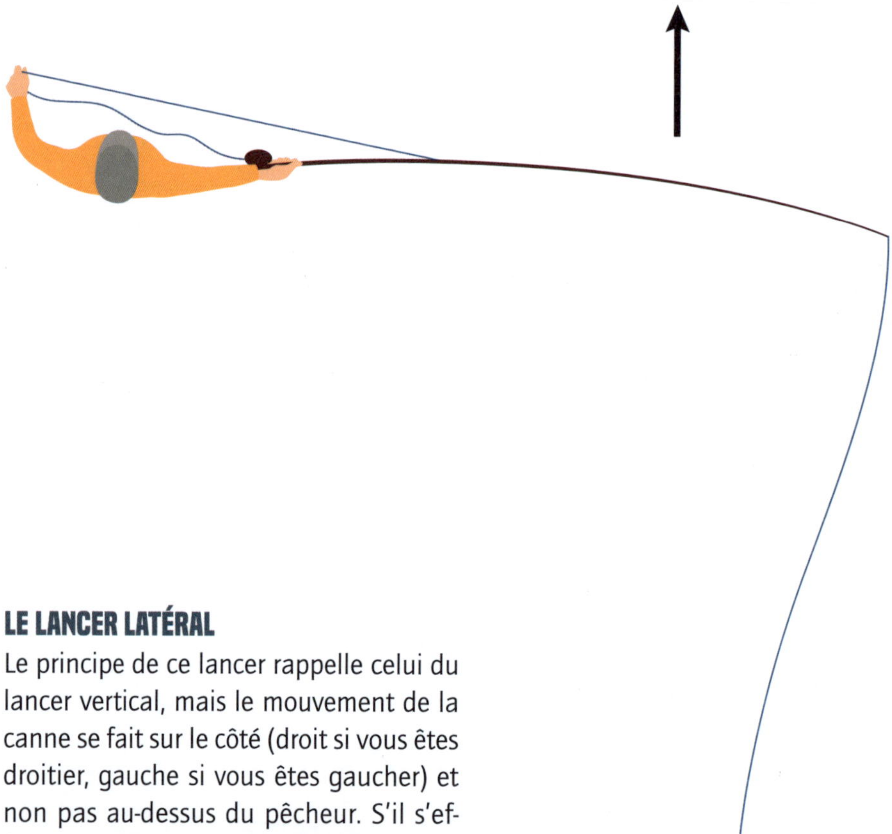

LE LANCER LATÉRAL

Le principe de ce lancer rappelle celui du lancer vertical, mais le mouvement de la canne se fait sur le côté (droit si vous êtes droitier, gauche si vous êtes gaucher) et non pas au-dessus du pêcheur. S'il s'effectue généralement à l'horizontale, il est possible de le faire légèrement en oblique (vers le haut). Attention aux oreilles !

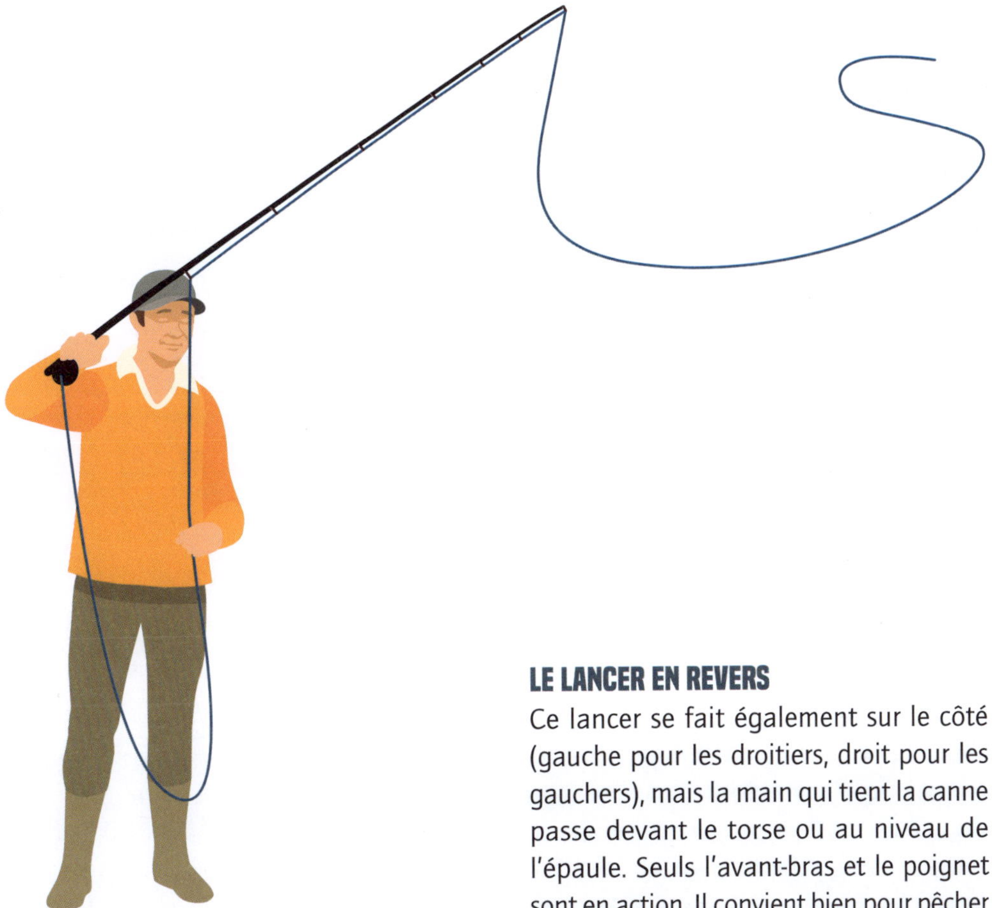

LE LANCER EN REVERS

Ce lancer se fait également sur le côté (gauche pour les droitiers, droit pour les gauchers), mais la main qui tient la canne passe devant le torse ou au niveau de l'épaule. Seuls l'avant-bras et le poignet sont en action. Il convient bien pour pêcher à de faibles distances dans les petits et moyens cours d'eau.

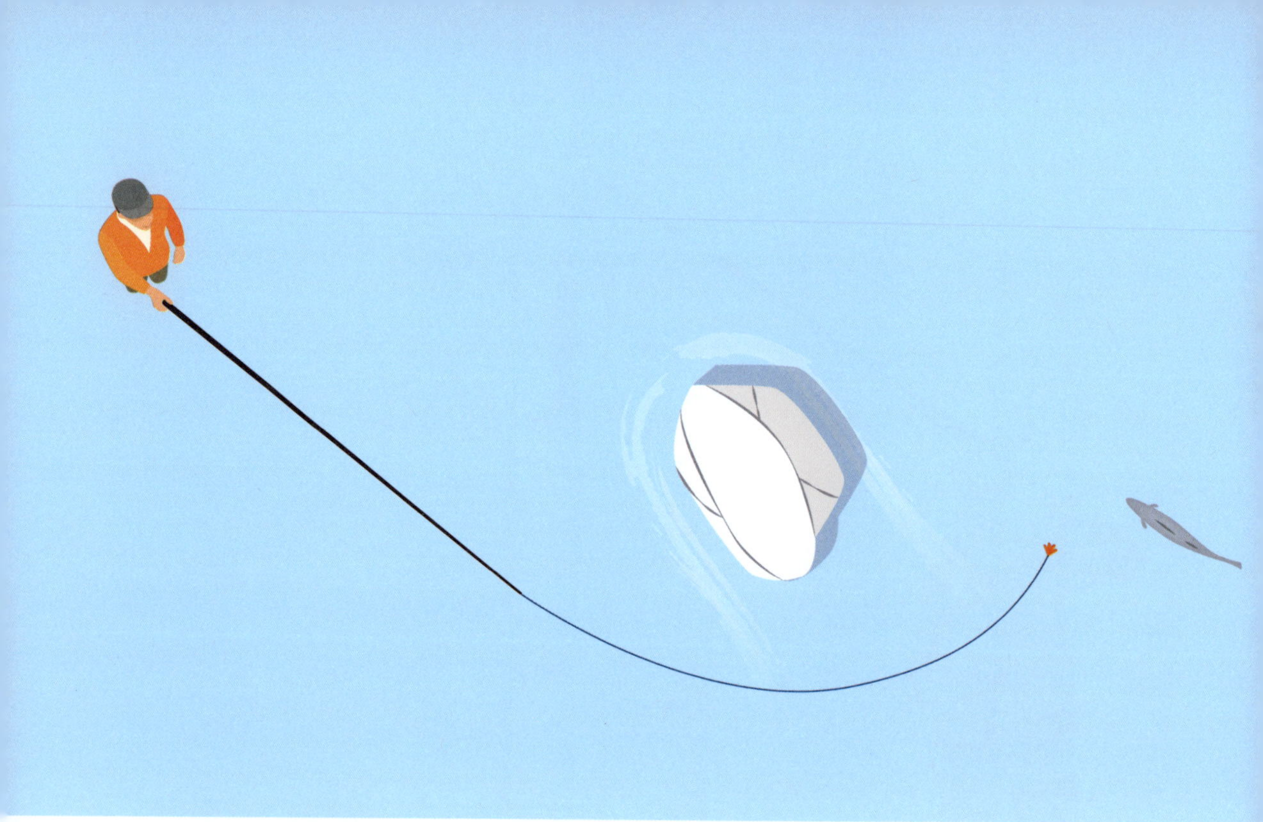

LE LANCER COURBE

Il s'utilise pour contourner un obstacle, une veine de courant qui risque de faire draguer la mouche, ou pour éviter que le bas de ligne « coiffe » le poisson, ce qui le ferait fuir. À la fin d'un lancer (latéral classique ou en revers), le pêcheur accentue le dernier mouvement et marque un arrêt pour que la mouche bascule vers la gauche ou vers la droite. **À savoir:** certains pêcheurs obtiennent un résultat à peu près similaire en effectuant un lancer vertical suivi d'un mouvement de poignet formant une courbe vers la gauche ou vers la droite, avant que la mouche se pose sur l'eau.

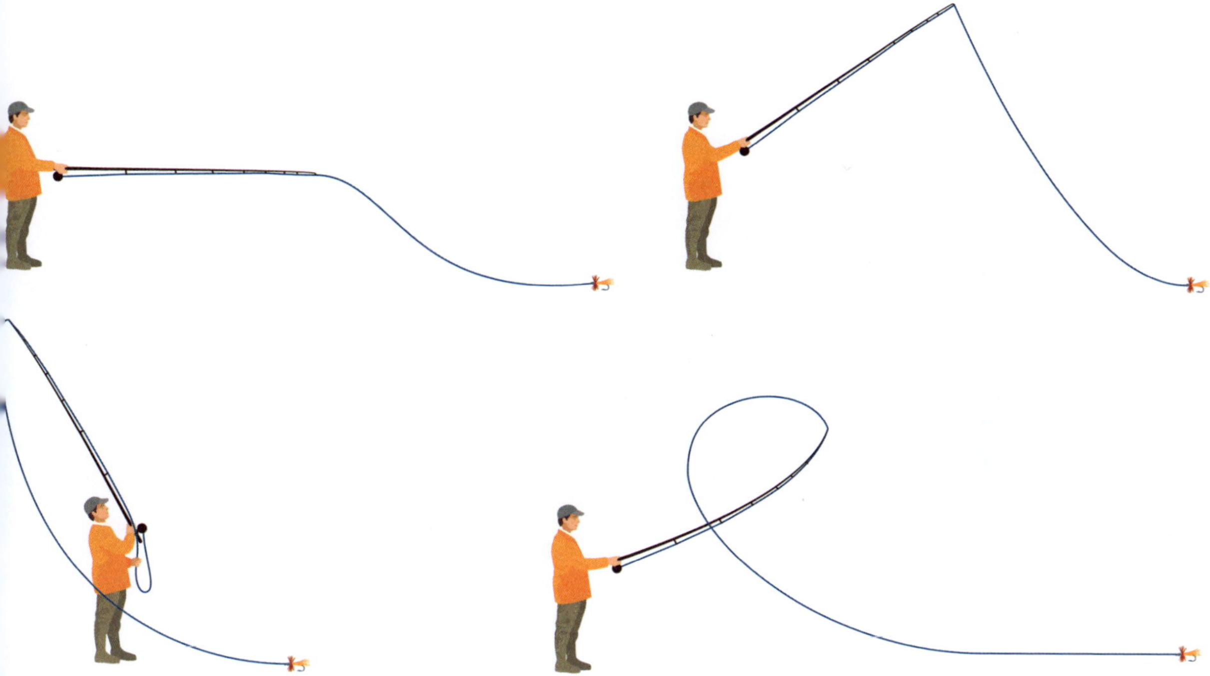

LE LANCER ROULÉ

Avec le lancer roulé, le pêcheur parvient à projeter sa ligne sur plus de 10 mètres, même s'il y a des obstacles derrière lui. De quelle manière ? En la faisant rouler à la surface de l'eau ! Ceux qui connaissent la GRS (gymnastique rythmique et sportive) ne manqueront pas de faire le rapprochement avec certaines figures obtenues au ruban. La première étape de réalisation consiste à sortir une longueur de soie devant soi. Il faut ensuite relever la canne et effectuer un mouvement vers l'avant pour produire une boucle qui va entraîner le bas de ligne et la mouche.

LE LANCER SPIROULÉ

C'est une variante du lancer roulé. Pour l'exécuter, il faut commencer par sortir une longueur de soie devant soi, puis à relever la canne avant d'impulser un mouvement de la canne en arc de cercle qui permettra de produire une boucle plus ou moins spiralée. Celle-ci va rouler à la surface de l'eau et entraîner le bas de ligne et la mouche sur le côté. **À savoir:** le terme spiroulé a été inventé par Jean-Louis Pelletier (1925-1992), un grand pêcheur et auteur halieutique.

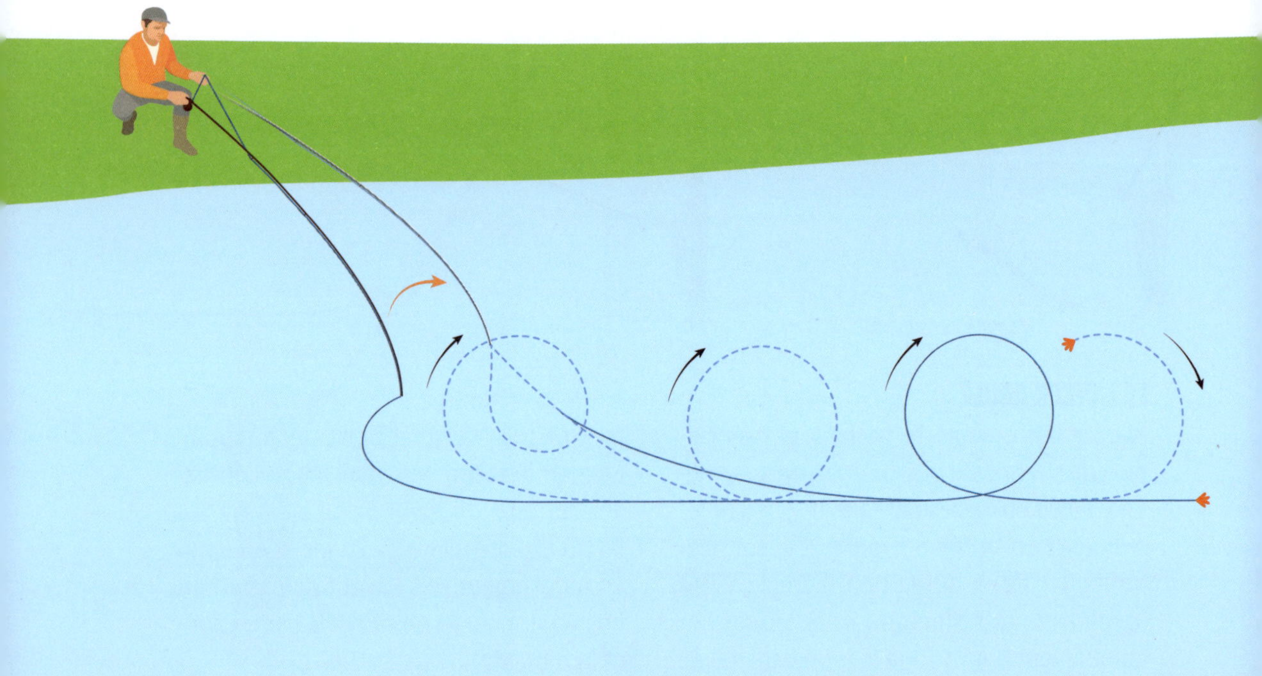

LE LANCER AU CLOCHER

Bien que ne permettant pas d'atteindre de grandes distances, ce lancer est pratique pour présenter une mouche dans un secteur où il y a des obstacles à l'arrière ou à l'avant du pêcheur. Il s'exécute un peu à la manière du lancer vertical, mais la soie se déploie selon une trajectoire plus ou moins oblique.

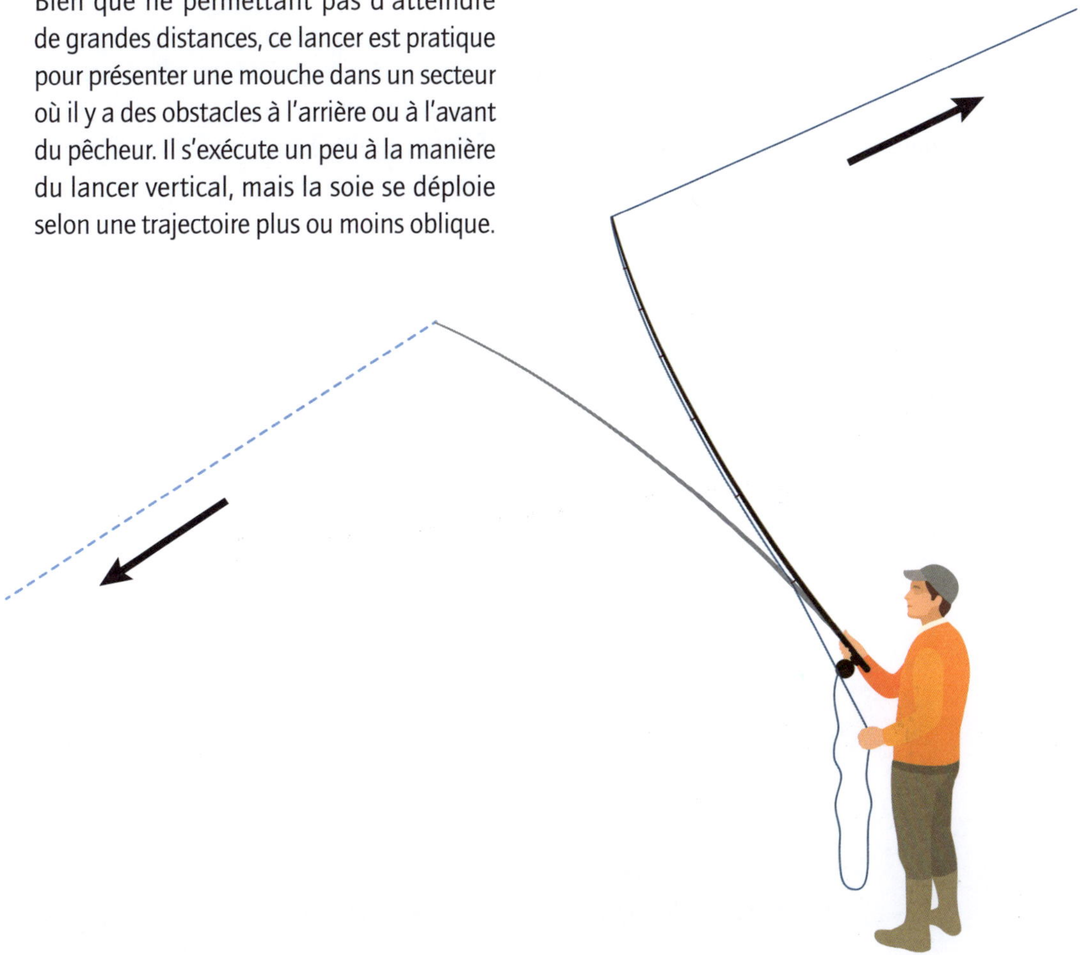

LE LANCER ARBALÈTE

Il ne permet pas d'atteindre de grandes distances mais reste très utile pour propulser une mouche dans les secteurs encombrés de végétation. Pour le réaliser, le pêcheur doit saisir la courbure de l'hameçon et tendre la ligne pour solliciter le nerf de la canne. Pendant l'opération, il faut être très prudent pour ne pas se faire embrocher les doigts !

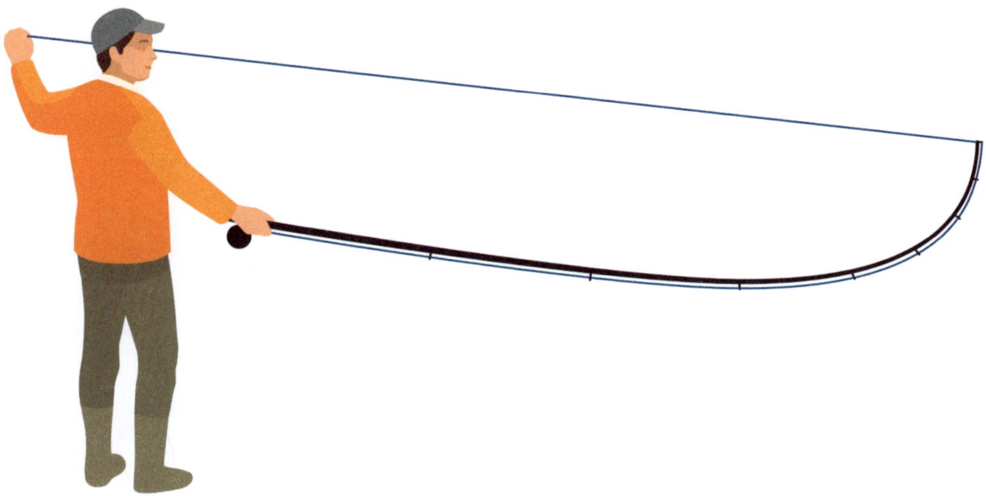

LE LANCER EN DOUBLE TRACTION

Grâce à ce lancer, votre mouche peut être déposée à plus de 15 mètres sans aucune difficulté. Le pêcheur s'en sert également pour pêcher contre le vent. Pour donner de la vitesse au lancer, il faut effectuer des tractions sur la soie lors des mouvements de la canne vers l'arrière et vers l'avant.

LES DIFFÉRENTES TECHNIQUES DE LA PÊCHE À LA MOUCHE

La pêche à la mouche se décline en plusieurs techniques. En mer, les possibilités restent plutôt réduites ; on y pêche essentiellement au streamer. En eau douce, le moucheur dispose d'un large choix, ce qui lui permet de pêcher toutes sortes d'espèces : truites, ombres, poissons blancs, brochets, black-bass...

LA PÊCHE À LA MOUCHE SÈCHE

C'est la plus classique des techniques de pêche à la mouche. Elle consiste à solliciter les poissons en surface. Le moucheur utilise alors des imitations d'un insecte passant de la vie aquatique à la vie aérienne ou d'un insecte tombé à l'eau (mort ou vif). En action de pêche, il faut généralement cibler les gobages, qui trahissent la présence des poissons, et présenter sa mouche de façon naturelle, en la laissant dériver. Il est également possible de pêcher « en aveugle », en privilégiant les postes propices : berge boisée, aval d'un rocher ou d'une souche, queue de courant...

LA PÊCHE À LA MOUCHE NOYÉE

Les mouches noyées imitent généralement des insectes morts, ballottés par les courants et les remous, mais aussi des nymphes ou des larves aquatiques, voire des petits crustacés comme les gammares évoluant sous la surface de l'eau. Trois mouches peuvent être fixées au bas de ligne ; la plus lourde en pointe, les deux autres au-dessus, séparées par des intervalles d'environ 70 centimètres et montées sur des potences. La mouche qui se trouve le plus en amont, appelée sauteuse, est la plus légère.

Elle évolue dans la couche superficielle de l'eau et sert d'indicateur de touche. L'action de pêche se fait généralement vers l'aval. La soie est posée en travers du cours d'eau ou aux trois quarts aval, et il faut accompagner la dérive de la ligne, en faisant en sorte que les artificielles se présentent en premier dans le courant.

LA PÊCHE EN NYMPHE

Dans cette technique, le pêcheur utilise des imitations d'insectes au stade larvaire. Il existe trois grandes catégories de nymphes : les légères, les intermédiaires et les lourdes. Les nymphes légères sont censées ressembler aux larves aquatiques qui se trouvent près de la surface, avant leur émergence. Elles ne sont pas lestées, contrairement aux nymphes lourdes qui imitent des larves évoluant près du fond.

Quant aux nymphes intermédiaires, elles imitent des larves d'insectes dérivant ou nageant entre deux eaux. Poids et densité sont variables, selon la profondeur de pêche désirée. Concernant l'action de pêche, il existe la pêche en nymphe à vue (sur des poissons facilement repérables) et la pêche en nymphe au fil. Cette dernière se pratique dans des eaux plus troubles. Le moucheur prospecte tous les postes propices, un peu à la manière du pêcheur au toc.

LA PÊCHE AU STREAMER

Cette technique fait des merveilles pour pêcher de beaux poissons en eau douce (notamment des carnassiers comme le brochet), mais aussi en mer. Elle utilise des mouches leurres imitant de nombreuses bestioles, en particulier les alevins et les petits poissons. Mais il en existe aussi en forme de gros insectes, de sangsues, de vers, de têtards, de crustacés... Certains modèles ne ressemblent à rien de ce qui se trouve dans la nature. Leur efficacité repose entièrement sur l'agressivité des prédateurs qui, agacés de les voir s'agiter, se décident à les attaquer. Concernant l'action de pêche, elle peut se pratiquer de façon très active, en propulsant le streamer et en le ramenant par des saccades plus ou moins rapides, ou en le laissant dériver et en lui donnant une nage plus subtile, moins marquée.

LA PÊCHE AU POPPER

Les poppers sollicitent les carnassiers en surface. Ils imitent principalement des batraciens, des proies appréciées par les prédateurs, notamment le brochet et le black-bass. L'animation se fait selon le principe du stop and go, qui se réalise par des tirées plus ou moins longues sur la soie et de courtes pauses. À chaque traction, la mouche produit des stimuli attractifs qui ne manquent pas d'attirer l'attention des carnassiers. Parmi les dérivés du popper, on trouve des mouches appelées sliders. Contrairement au popper traditionnel, le devant de leur tête n'est pas concave, mais conique.

LE TENKARA

Cette technique de pêche à la mouche originaire du Japon fait de plus en plus d'adeptes, notamment aux États-Unis. Elle se pratique sans moulinet et s'adresse à la truite, aux ombles et aux poissons blancs des eaux vives. En France, le tenkara n'a pas encore vraiment percé, mais cela ne devrait pas tarder. Pour en savoir plus, suivez ce lien : www.tenkara.fr

LA PÊCHE DES SALMONIDÉS ET DES POISSONS MIGRATEURS

Les salmonidés et les poissons migrateurs passionnent bien des pêcheurs. Ils font partie des poissons recherchés par les moucheurs, en particulier la truite fario. Malgré les pollutions et les atteintes environnementales, cette espèce peuple encore nos eaux de première catégorie, pour le plus grand plaisir des amoureux de la nature.

LA TRUITE FARIO (*SALMO TRUTTA FARIO*)

Ce salmonidé figure parmi les poissons préférés du pêcheur à la mouche. Il est beau et combatif ; il ne se laisse pas mettre à l'épuisette facilement. Pour le capturer, il faut être discret et faire preuve de ruse.

▶ SON PORTRAIT

C'est l'espèce emblématique des rivières et des lacs de première catégorie, aux eaux fraîches et bien oxygénées. Comme tous les salmonidés, elle possède une nageoire adipeuse. Sa robe est généralement mouchetée de noir, de brun et de rouge. Certaines souches présentent également des bandes sombres sur les flancs. Dans certains milieux riches en nourriture, ce poisson peut largement dépasser les 60 centimètres de longueur. Sa taille légale de capture varie selon les régions : 18, 20, 23, 25 ou 30 centimètres. Pour bien respecter la réglementation, renseignez-vous auprès de votre fédération de pêche ou de votre AAPPMA (Association agréée pour la pêche et la protection du milieu aquatique). Cette recommandation vaut également pour les autres espèces.

▶ LES POSTES-CLÉS

Le territoire de la truite fario comporte des zones de refuge et des zones de chasse. Les zones de chasse se situent généralement dans le courant : dans la pleine eau, derrière des rochers (parfois devant), dans un remous ou à proximité du fond. Sa tête se trouve face au courant, de manière à pouvoir intercepter facilement sa nourriture. Il lui arrive aussi de se déplacer pour capturer ses proies, notamment les poissonnets. Plusieurs truites peuvent cohabiter dans une même portion de rivière, mais c'est toujours la plus grosse qui se trouve en amont. Il existe une hiérarchie de dominance entre les individus. Les lieux où elle se réfugie se trouvent plus près du bord. Il peut s'agir d'une berge creuse, d'une cavité entre les rochers ou d'un entrelacs de racines, par exemple.

▶ LA TACTIQUE

Parmi les techniques appréciées des moucheurs, il y a la pêche à la mouche sèche. Elle est particulièrement efficace lorsque les truites sont en train de gober les insectes. Vous repérerez facilement leur activité par la présence de ronds à la surface de l'eau. Après avoir jaugé la situation et déterminé le meilleur endroit pour lancer votre ligne, il vous reste à faire dériver votre mouche de façon naturelle, jusque vers le poisson. S'il la trouve à son goût et ne décèle aucun danger, l'artificielle sera happée. Il faudra alors bloquer la soie et ferrer en relevant le scion de la canne légèrement. Ne soyez pas trop brusque. Ramenez ensuite votre prise en tirant sur la soie, sans l'aide du moulinet. Quelle mouche choisir ? Dans cette pêche, il faut identifier les insectes dont se nourrissent les poissons et leur proposer une imitation. Si vous apercevez une nuée d'éphémères au-dessus de l'eau, il y a de fortes chances pour que ces petites bêtes soient au menu du jour.

▶ UN EXEMPLE DE MONTAGE

Voici une formule adaptée pour pêcher en sèche dans des rivières de taille moyenne. Elle comporte une soie flottante et un bas de ligne se terminant par une pointe en 12/100.

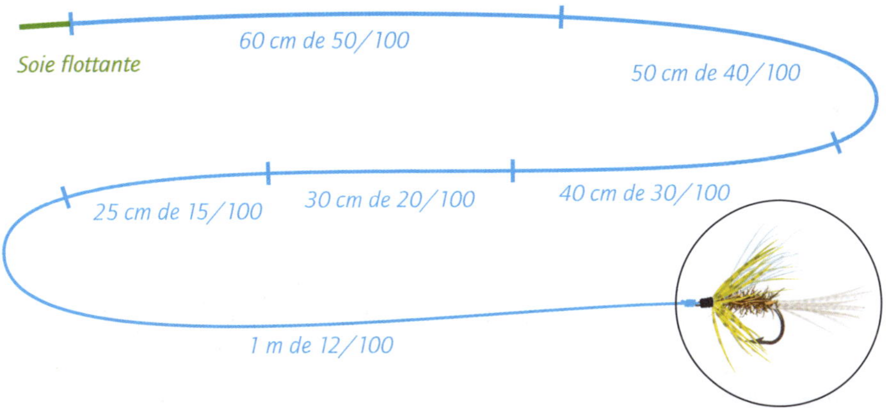

Mouche sèche imitant un éphémère

LA TRUITE ARC-EN-CIEL (*ONCORHYNCHUS MYKISS*)

Originaire d'Amérique du Nord, la truite arc-en-ciel a été importée en France au XIXe siècle. S'étant peu acclimatée dans nos eaux, cette espèce fait l'objet d'introductions régulières pour satisfaire les pêcheurs.

▶ SON PORTRAIT

Beaucoup moins exigeante que la truite fario, l'arc-en-ciel supporte mieux les pollutions et les températures élevées, mais elle ne se reproduit guère chez nous. Son corps est fuselé (plus rebondi que celui de la fario, surtout chez les femelles) et sa robe, ponctuée de noir, présente une bande rosâtre longitudinale sur chaque flanc. En moyenne, ce salmonidé mesure entre 25 et 35 centimètres de longueur, mais certains spécimens dépassent les 60 centimètres. Sa taille légale de capture est généralement de 23 centimètres. Il peut y avoir des exceptions dans certains départements.

▶ LES POSTES-CLÉS

Les postes occupés par ce poisson sont à peu près les mêmes que ceux de la truite fario, mais il semble beaucoup plus mobile. Alors que la fario se cantonne dans des secteurs plutôt restreints, l'arc-en-ciel se déplace volontiers pour rechercher sa nourriture. Elle se tient dans les courants, mais aussi dans les parties calmes des cours d'eau. Dans les réservoirs où l'espèce a été introduite, elle maraude souvent d'un endroit à un autre ou se cale dans un coin. Si l'eau est claire, la localiser à l'œil nu n'est guère compliqué. Vous pouvez également vous fier aux signes d'activité qui trahissent sa présence (sauts, chasses, gobages…) ou observer les autres pêcheurs. L'un d'eux parvient à faire une belle prise? À coup sûr, il y a d'autres truites arc-en-ciel dans les parages.

▶ LA TACTIQUE

La truite arc-en-ciel peut être capturée avec différentes techniques de pêche à la mouche, mais les plus gros sujets se prennent davantage avec des streamers. En réservoir, le boobie est un streamer particulièrement efficace avec une soie très plongeante. Le mode d'emploi est simple : après avoir lancé votre ligne, attendez qu'elle coule et entraîne le streamer. Comme le boobie a des yeux flottants (en polystyrène ou en mousse synthétique), il ne va pas toucher le fond mais rester en suspension juste au-dessus. Vous pourrez alors récupérer la soie lentement et donner vie à la mouche en combinant des petites tirées et des pauses. Ainsi, le boobie adoptera une nage particulière : à chaque traction, il se rapprochera du fond, à chaque arrêt, il s'en éloignera. De quoi intriguer les poissons et les inciter à mordre ! À la moindre sensation de toc, il faut ferrer. Parfois, la touche est brutale.

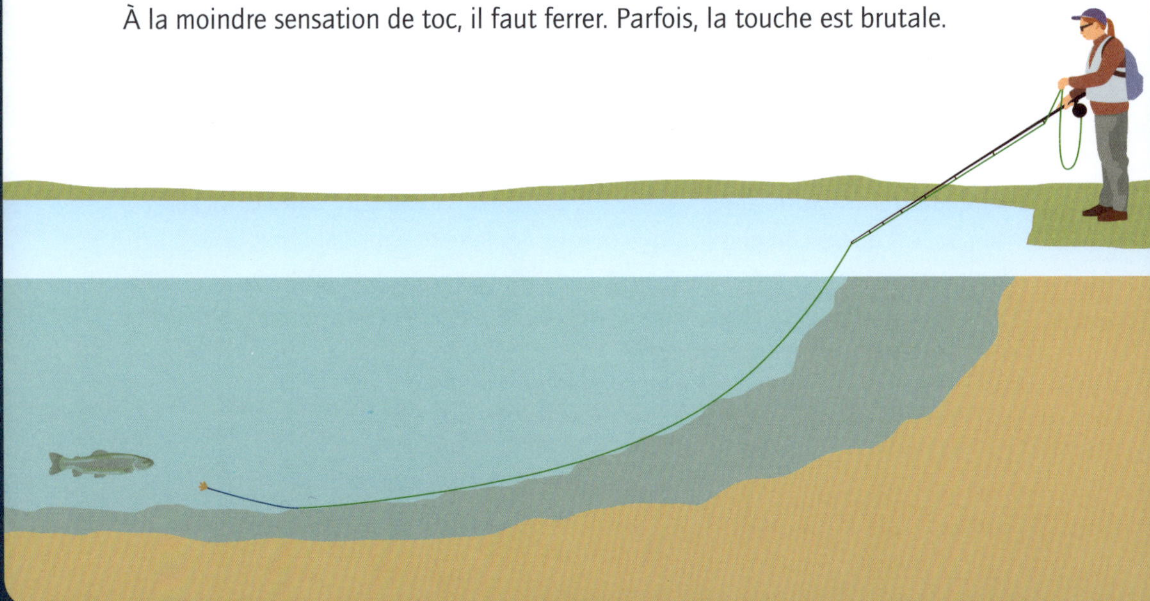

▶ UN EXEMPLE DE MONTAGE

Pour pêcher au boobie, vous pouvez employer un bas de ligne queue-de-rat assez court, avec une pointe en 18/100. Sachez que certains pêcheurs n'hésitent pas à utiliser deux ou trois mouches montées en potence.

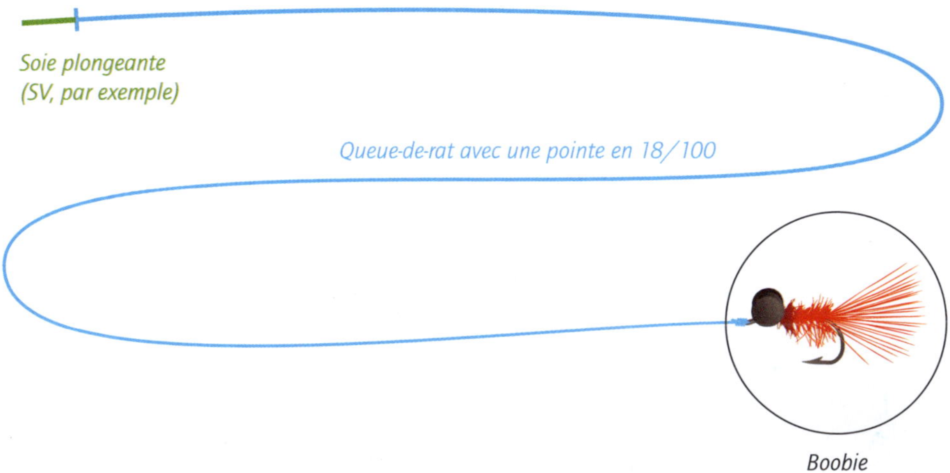

L'OMBRE COMMUN (*THYMALLUS THYMALLUS*)

Ce poisson est considéré comme un thymallidé par certains auteurs halieutiques. D'autres le classent parmi les salmonidés. Peu importe sa famille ! Au bout de la ligne, tous les pêcheurs l'apprécient.

▶ SON PORTRAIT

L'ombre commun a un corps fusiforme couvert d'écailles plus ou moins argentées, voire dorées. Certaines sont marquées de noir. Comme la truite, il possède une nageoire adipeuse entre la caudale et la dorsale. Cette dernière, teintée de violet, de bleu ou de pourpre, avec des reflets irisés, est haute, ce qui vaut au poisson le surnom de « porte-étendard ». Sa bouche orientée vers le bas a la particularité d'être petite. Les pupilles de ses yeux sombres, en forme de gouttes, sont cerclées de jaune doré. Le nom latin *Thymallus thymallus* fait allusion à l'odeur de thym qu'aurait le mucus qui protège sa peau. L'espèce, plutôt rare, fait l'objet d'une taille réglementaire pouvant varier d'un département à l'autre. En général, elle est de 35 centimètres. Les plus grands spécimens mesurent 50 centimètres, voire un peu plus.

▶ LES POSTES-CLÉS

Comme la truite, ce poisson aime les rivières aux eaux bien oxygénées et apprécie les fonds de gravier. Il se tient de préférence dans la pleine eau, près du fond, où il peut facilement capturer les petites proies dont il se nourrit : larves, nymphes, vers, petits crustacés... Il lui arrive également de remonter vers la surface pour gober les insectes aquatiques ou terrestres. Les alevins et les poissonnets (vairons, par exemple) font parfois partie de son régime alimentaire. Dans les eaux claires, vous le verrez aisément, mais il reste méfiant et ne mord pas facilement. Pour le piéger, il faut faire preuve de beaucoup de patience.

▶ LA TACTIQUE

La pêche à la nymphe à vue donne d'excellents résultats pour pêcher l'ombre dans les grandes ou moyennes rivières aux eaux claires. C'est même l'une des techniques favorites des moucheurs qui se passionnent pour cette espèce. Comment la pratiquer ? Il faut repérer les poissons (n'oubliez pas vos lunettes à verres polarisants) puis laisser dériver votre mouche de façon naturelle, tout en restant discret. Placez-vous en amont de l'ombre visé et faites en sorte que la mouche se présente en premier lors de la dérive de la ligne. Concernant le choix de la mouche, optez pour une nymphe plus ou moins lestée, selon la profondeur de l'eau et l'endroit où se tiennent les poissons. **À savoir :** pour séduire un ombre qui se trouve près du fond et semble peu enclin à se déplacer pour se nourrir, la mouche doit parvenir quasiment devant sa gueule. Bonne chance !

▶ UN EXEMPLE DE MONTAGE

Les bas de ligne utilisés pour pêcher l'ombre doivent être longs et fins. Pour la pointe, il faut s'efforcer de ne pas dépasser le 10 ou 12/100.

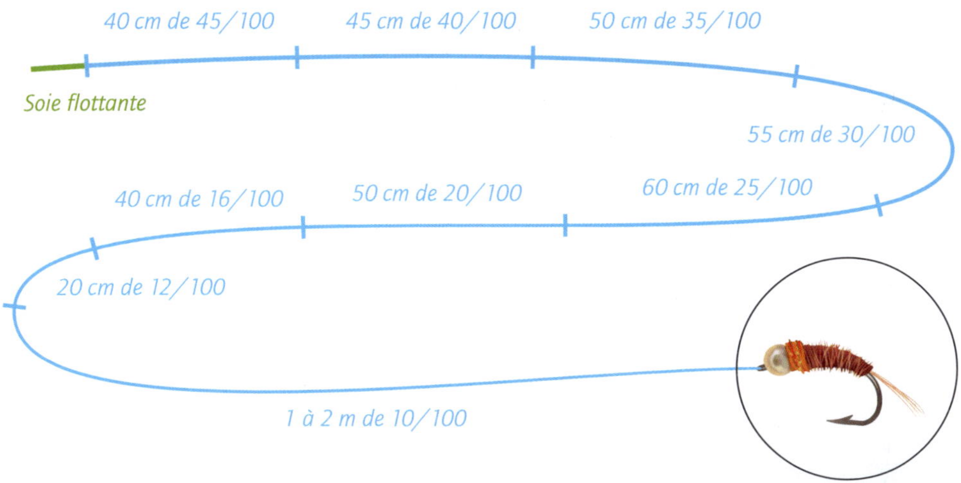

Nymphe lestée

LE SAUMON ATLANTIQUE (*SALMO SALAR*)

Ce poisson migrateur anadrome vit en mer et remonte les cours d'eau pour s'y reproduire et pondre ses œufs. C'est une force de la nature capable de parcourir des milliers de kilomètres. Une sacrée performance !

IMPORTANT !

La pêche des poissons migrateurs (en particulier celle du saumon et de la truite de mer) est très réglementée. Avant de la pratiquer, renseignez-vous bien auprès des fédérations de pêche ou des AAPPMA.

▶ SON PORTRAIT

Dans la famille des salmonidés, il y a le saumon atlantique. Son corps est puissant et hydrodynamique. Lors de sa migration, il déploie une grande énergie pour franchir les obstacles, notamment les chutes d'eau, en faisant parfois des sauts de 2 ou 3 mètres de hauteur. En mer, à l'âge adulte, sa robe est argentée, avec des petites taches noires en forme de croix. Au fur et à mesure de son voyage en eau douce, sa robe se colore et la mâchoire inférieure des mâles (appelés « bécards ») se recourbe, jusqu'à former une sorte de crochet. **À savoir :** durant sa progression vers les frayères, le saumon ne se nourrit pas, ce qui ne l'empêche pas de mordre aux lignes par agressivité ou par réflexe. Les plus grands spécimens dépassent 1 mètre de longueur, mais ils sont rares. La taille légale de capture est de 50 centimètres.

▶ LES POSTES-CLÉS

En eau douce, la principale préoccupation du saumon atlantique n'est pas de se nourrir, mais de gagner ses zones de frayère. Pour y parvenir, il va devoir remonter le courant, franchir des obstacles et faire des pauses plus ou moins longues. Il stationnera alors dans les pools (fosses) ou à proximité, mais aussi en queue de courant, derrière un rocher, dans une veine d'eau située près de la rive... Quels sont les meilleurs postes ? Ce ne sont pas forcément les zones les plus agitées de la rivière ; les secteurs où le courant est lent mais puissant peuvent également réserver de belles surprises. Sachez tout de même que la pêche du saumon, c'est un peu comme la loterie, le comportement du poisson étant souvent imprévisible. Il a la réputation d'être fantasque.

▶ LA TACTIQUE

Le saumon ne se prend guère en sèche. Pour le séduire, il vaut mieux pratiquer la pêche en noyée et adopter une stratégie simple et efficace : prospecter les pools de l'amont vers l'aval, en allongeant les lancers de façon progressive. Avec le courant, la mouche va dériver en formant une sorte d'arc de cercle, comme vous le montre l'illustration ci-dessous. Après trois ou quatre tentatives, si rien ne se passe, déplacez-vous de quelques pas vers l'aval et recommencez la même l'opération, jusqu'à atteindre la queue de pool. En procédant ainsi, vous parviendrez à prospecter chaque recoin de votre zone de pêche. Concernant le choix de la mouche, les modèles bretons font des merveilles dans nos eaux, notamment celles du célèbre monteur Yann Le Fèvre. Elles s'inspirent de modèles traditionnels qui ont fait leurs preuves au bord de l'eau.

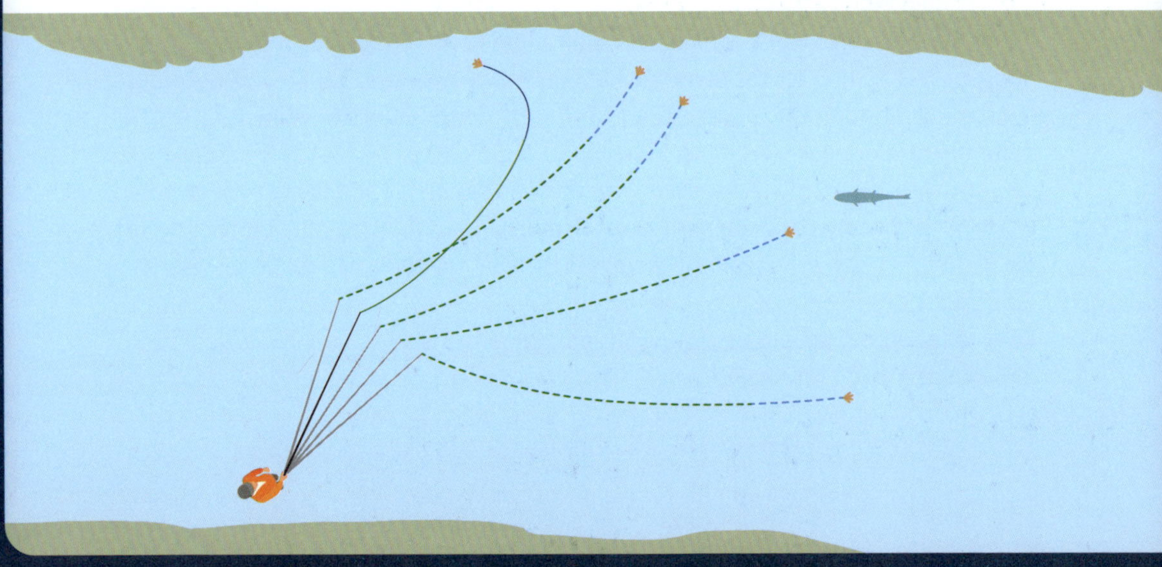

▶ UN EXEMPLE DE MONTAGE

Les saumons capturés dans nos eaux n'atteignent pas des tailles aussi importantes qu'en Écosse ou au Québec, mais ils sont tout de même puissants. Voici un montage pour pêcher en noyée avec une seule mouche. Le brin terminal, en 24/100, suffit pour maîtriser un beau spécimen.

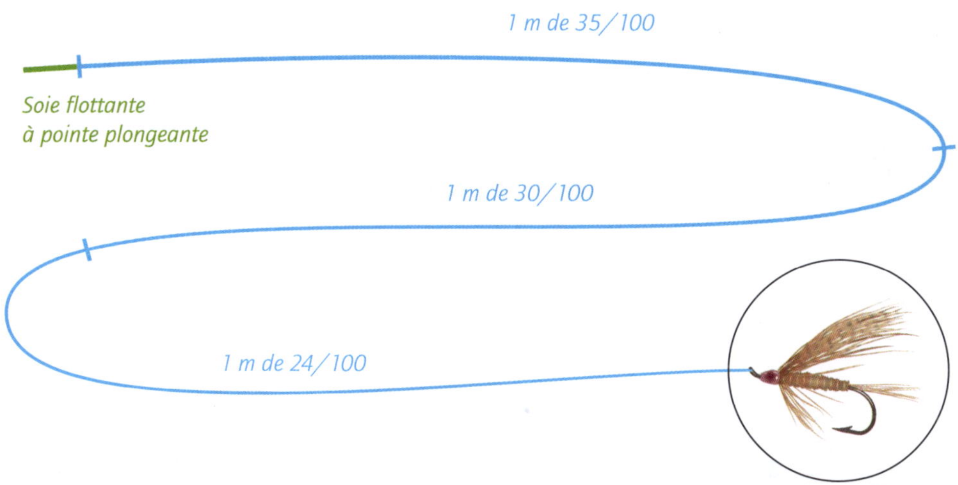

Mouche noyée

LA TRUITE DE MER (*SALMO TRUTTA TRUTTA*)

La truite de mer est la forme migratrice de la truite fario, et non une espèce différente, contrairement à ce que croient certains pêcheurs. Comme le saumon, elle se reproduit en eau douce et grossit en mer.

▶ SON PORTRAIT

Ce salmonidé peut atteindre de belles tailles: jusqu'à 1 mètre. Les juvéniles ont une robe colorée, comme la truite fario. Les individus adultes qui migrent en mer possèdent une belle robe argentée, ponctuée de points noirs en croix. Ils ressemblent beaucoup au saumon atlantique. Pour les différencier, plusieurs critères d'identification sont à prendre en compte: la position du maxillaire par rapport à l'œil (chez *Salmo trutta trutta*, l'arrière du maxillaire dépasse le niveau de l'œil) ou l'aspect de la nageoire caudale (le bord postérieur est plutôt droit chez la truite de mer, échancré chez *Salmo salar)*. Lors de leur remontée vers les frayères, les mâles présentent une mâchoire inférieure recourbée. Ils sont appelés « bécards ». La taille légale de capture est de 35 centimètres.

▶ LES POSTES-CLÉS

En eau douce, la truite de mer adopte un comportement similaire à celui de la truite fario. Elle peut se tenir dans les pools (ou à proximité), dans les veines d'eau, mais aussi sous les herbiers et les berges creuses. Il est également possible de la rencontrer sur les radiers (parties peu profondes d'un cours d'eau) ou derrière les obstacles, comme les rochers, les arbres tombés à l'eau ou les souches immergées. Ses mœurs sont cependant plutôt nocturnes: c'est au crépuscule que les captures se font généralement. Pour cette raison, le législateur a prévu la possibilité de prolonger sa pêche deux heures après le coucher de soleil dans les cours d'eau classés à truites de mer. Pour info, la pêche est habituellement autorisée une demi-heure avant et après le coucher de soleil.

▶ LA TACTIQUE

La pêche de la truite de mer s'apparente beaucoup à celle du saumon ; vous pouvez donc la tenter en noyée ou au streamer. Une autre technique, plutôt utilisée pour capturer les ombres communs et les truites fario, est également très efficace : la nymphe au fil. Elle se pratique généralement en wading. Il faut donc entrer dans l'eau et pêcher sous la canne, en faisant en sorte que l'artificielle (un modèle lesté) évolue près du fond. Lancez votre mouche vers l'amont et accompagnez sa dérive vers l'aval en gardant votre bras tendu au-dessus de l'eau. En peignant ainsi les courants, vous aurez toutes les chances de piquer un joli spécimen. La touche se manifeste par un arrêt, un toc ou une tirée. Ferrez rapidement, avant que la truite ne recrache votre mouche. Dès le début de la bagarre avec le poisson, vous saurez ce que vous avez au bout de la ligne. Un monstre ? C'est tout ce que nous vous souhaitons !

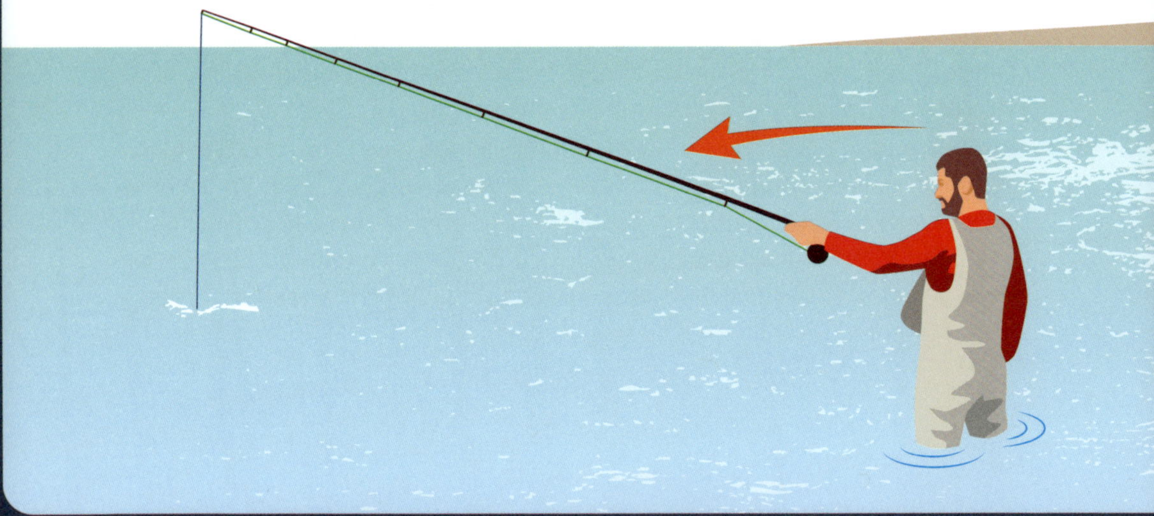

▶ UN EXEMPLE DE MONTAGE

Pour pêcher à la nymphe au fil, la soie n'a que peu d'importance. En action de pêche, la plupart du temps, elle ne dépasse pas le scion de la canne. Concernant le bas de ligne, vous pouvez opter pour cette formule dont le brin terminal, en 16/100, reste discret.

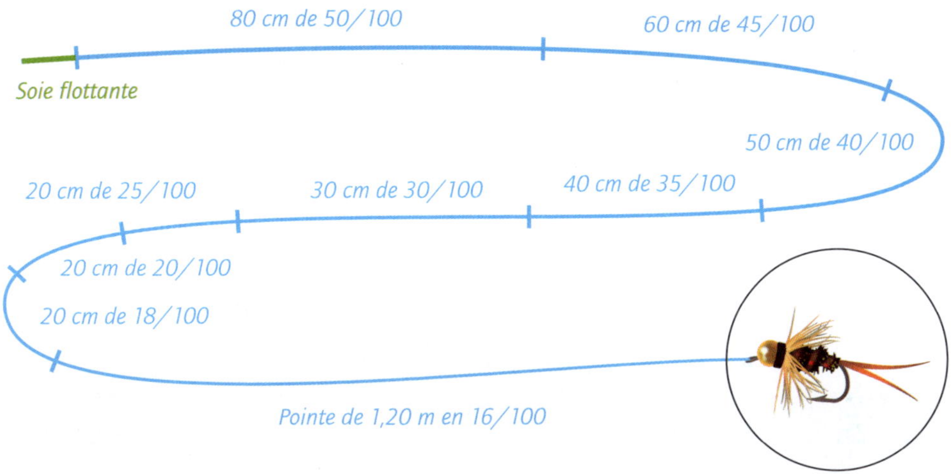

Mouche lestée

L'ALOSE (ALOSA ALOSA, ALOSA FALLAX, ALOSA FALLAX RHODANENSIS)

Dans nos eaux, ce poisson migrateur qui remonte les fleuves côtiers pour se reproduire est représenté par deux espèces : la grande alose et l'alose feinte (dont il existe une sous-espèce méditerranéenne). Elles appartiennent à la famille des clupéidés.

▶ SON PORTRAIT

La grande alose (*Alosa alosa)* a une robe argentée et présente généralement une tache noire en arrière des opercules. Elle mesure jusqu'à 70 centimètres de longueur. L'alose feinte (*Alosa fallax*) est plus petite que la grande alose et possède une rangée de quatre à huit taches noires en arrière des opercules. Il en est de même de l'alose du Rhône (*Alosa fallax rhodanensis*). Quelle que soit l'espèce, le corps est allongé et aplati latéralement, avec une queue fourchue et une bouche fine à côtés membraneux. Comme les autres poissons migrateurs, l'alose souffre de nombreuses atteintes environnementales. Parmi les causes de sa raréfaction, il y a la pollution, les barrages, mais aussi la destruction des frayères due à l'extraction de granulats. La taille légale de capture est de 30 centimètres.

▶ LES POSTES-CLÉS

Les postes où la pêche de l'alose peut se faire avec succès sont très localisés. Les meilleurs secteurs se situent généralement au niveau des frayères et à l'aval des ouvrages qui font obstacle à sa migration, en particulier les barrages. Les poissons s'y regroupent dans l'attente de pouvoir les franchir pour se reproduire. Lorsqu'ils y parviennent, les géniteurs s'adonnent à une danse nocturne bien particulière, qui ne passe pas inaperçue. Mâles et femelles effectuent des mouvements circulaires et frappent la surface de l'eau avec leur nageoire caudale. Ce phénomène, appelé « bull » par les spécialistes, s'entend de loin. Les femelles d'*Alosa alosa* ne se reproduisent qu'une seule fois dans leur vie. Celles d'*Alosa fallax* et d'*Alosa fallax rhodanensis* peuvent le faire plusieurs fois.

▶ LA TACTIQUE

La bonne période de pêche se situe entre avril et juillet. Pour localiser les poissons, il faut repérer les circuits qu'ils empruntent pour se frayer un chemin vers l'amont. Lorsqu'un spécimen se faufile dans les courants, les autres suivent. Bien que l'alose manifeste sa présence à la surface de l'eau, ce n'est pas à ce niveau qu'il faut la tenter avec une artificielle, mais plus en profondeur. Parmi les modèles efficaces, il y a la mouche téléphone. Elle est réalisée simplement avec du fil gainé de plastique coloré (orange, rouge, jaune ou violet). Pour la présenter convenablement, lancez votre ligne dans le courant, aux trois quarts aval, et accompagnez sa dérive en maintenant la canne à environ 45 degrés par rapport à l'eau. Pour augmenter vos chances de capture, de légères manœuvres d'aguichage sont bienvenues : tirées, dandines, tremblements... Attention, les touches sont violentes, à tel point que la soie peut vous être arrachée des mains !

▶ UN EXEMPLE DE MONTAGE

Ce montage mesure 3,60 mètres et présente une mouche téléphone sur une pointe en 22/100. Certains pêcheurs ajoutent parfois deux autres mouches. Ils les fixent alors sur des potences.

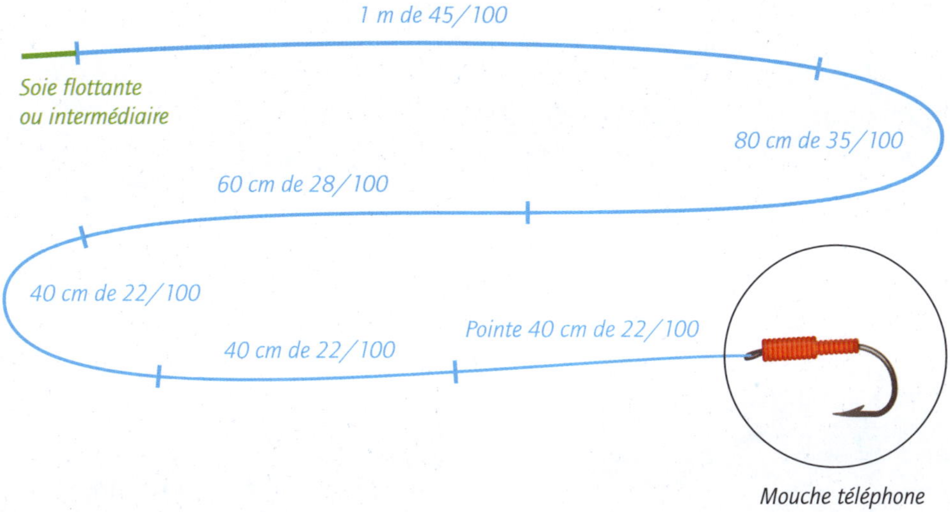

LA PÊCHE DES CARNASSIERS ET DES POISSONS BLANCS

Les truites et autres espèces apparentées ne sont pas les seuls poissons pouvant être capturés à la mouche. Des carnassiers comme le brochet, le black-bass, la perche et le silure sont également des clients potentiels. Quant aux poissons blancs, plusieurs espèces procurent de belles sensations au bout de la ligne, notamment le chevesne et la carpe. En plus d'être combatifs, ils sont abondants dans nos eaux.

LE BROCHET (*ESOX LUCIUS*)

Le brochet est le roi des carnassiers qui peuplent nos eaux douces. Sa taille et sa combativité au bout de la ligne en font un adversaire de choix, particulièrement apprécié des amateurs de sensations fortes.

▶ SON PORTRAIT

Le brochet appartient à la famille des ésocidés. Il a un corps allongé, une gueule en bec de canard armée de centaines de dents acérées et orientées vers l'arrière. La couleur de sa robe mimétique varie selon son habitat. Elle lui permet de bien se camoufler des proies qu'il convoite, en particulier les poissons, mais aussi les grenouilles, les écrevisses, voire les petits rongeurs et les oiseaux aquatiques qui passent à sa portée. Contrairement à une idée reçue, ce n'est pas un vorace qui s'attaque à tout ce qui bouge. Selon les spécialistes, il ne mange que quatre à huit fois son propre poids en une année. Les plus beaux spécimens mesurent jusqu'à 1,30 mètre de longueur. Ce sont des femelles. La taille légale de capture est de 60 centimètres.

▶ LES POSTES-CLÉS

Ce poisson est un habitant typique des eaux lentes ou dormantes, avec une forte densité de végétation aquatique. On le rencontre dans toutes sortes de milieux : rivières, fleuves, lacs et étangs. Ses tenues de prédilection, où il peut se camoufler et se tenir à l'affût de ses proies, sont les herbiers, les bras morts, noues ou lônes des cours d'eau, les entrelacs de bois immergés et la proximité des blocs rocheux. Il s'aventure également à l'entrée des tributaires et dans les zones inondées par les crues où il se reproduit, entre février et avril. Dans les étangs, notamment en hiver, les beaux spécimens se cantonnent souvent dans les parties profondes (près de la bonde).

▶ LA TACTIQUE

Voir un brochet saisir un streamer en surface est un spectacle grandiose. Si vous pratiquez à la belle saison, sur des postes bien marqués (bois morts, proximité des roselières, par exemple) et à faible profondeur (jusqu'à 2 ou 3 mètres environ), vous aurez toutes les chances d'y assister, encore faut-il agir avec méthode. Commencez par observer votre zone de pêche afin de déceler d'éventuels signes prometteurs, comme la présence de poissonnets (là où il y a de la nourriture, le brochet n'est pas loin), puis démarrez votre prospection en peignant chaque recoin. Après avoir lancé votre streamer à l'eau, récupérez-le en tirant sur la soie de façon irrégulière. Et n'hésitez pas à effectuer des pauses et à simuler une nage de fuite en accélérant la récupération. Pensez également à donner des petits coups de scion pour renforcer l'attractivité du streamer. À la touche, il faut laisser le carnassier engamer votre mouche, et bloquer votre soie contre la poignée de la canne avant de ferrer. Attention, il se défend comme un diable au bout de la ligne.

▶ UN EXEMPLE DE MONTAGE

Dans les eaux peu profondes, il n'est pas utile d'utiliser une soie plongeante, mais le fuseau décalé permet de propulser des streamers volumineux à bonne distance. Un avançon en acier ou en titane est indispensable pour se prémunir des dents tranchantes du brochet.

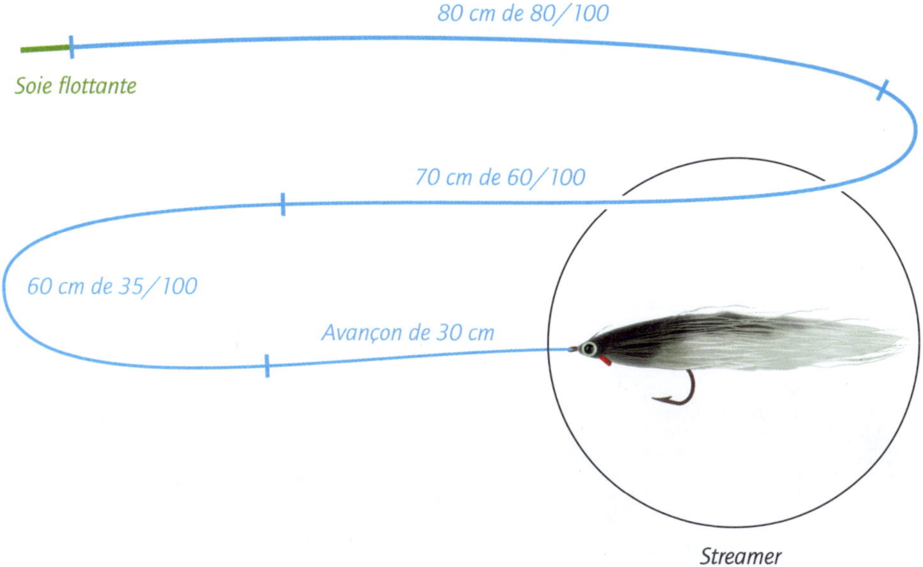

LA PERCHE COMMUNE (*PERCA FLUVIATILIS*)

Abondante et agressive, la perche est un poisson très agréable à pêcher à la mouche. Même les spécimens de taille modeste offrent du plaisir, surtout s'ils sont capturés avec un matériel léger.

▶ SON PORTRAIT

Ce poisson de la famille des percidés se reconnaît facilement, grâce à sa silhouette caractéristique, son dos légèrement bossu et sa robe verdâtre couverte de zébrures sombres. L'une de ses nageoires dorsales présente des rayons épineux. Chaque opercule se termine par une forte pointe. Si la taille moyenne de ce carnassier se situe entre 25 et 35 centimètres de longueur, il existe des spécimens pouvant dépasser les 50 centimètres. Contrairement au brochet, la perche ne chasse pas à l'affût mais en meutes. Et elle n'hésite pas à poursuivre ses proies sur de grandes distances, jusqu'à les acculer contre une berge ou un obstacle immergé pour pouvoir les croquer. Grégaire, elle se déplace en groupes plus ou moins denses. L'espèce ne fait pas l'objet d'une protection particulière.

▶ LES POSTES-CLÉS

La perche commune est présente dans de nombreux milieux aquatiques (rivières, canaux, fleuves, lacs, étangs), mais il lui faut de la végétation et des caches (bois morts, rochers, éboulis, berges creuses ou parois abruptes, piles de pont, quais...) pour s'embusquer ou se mettre à l'abri de prédateurs. Capable de supporter une légère salinité, il lui arrive de s'aventurer dans les eaux saumâtres. De nombreux postes sont donc favorables. En été, pensez à prospecter les hauts-fonds : ce sont des secteurs fréquemment visités par les perches, qui y trouvent facilement de quoi s'alimenter. En hiver, lorsque les eaux se rafraîchissent nettement, l'activité du carnassier diminue, mais il est toujours possible de faire quelques beaux spécimens en faisant évoluer votre mouche en profondeur.

▶ LA TACTIQUE

La pêche au streamer est la technique idéale pour séduire les perches. Choisissez de préférence des modèles clinquants et colorés, car les belles zébrées aiment ce qui brille, et vous aurez ainsi toutes les chances d'attiser leur curiosité et de les inciter à mordre. Dans les secteurs où il y a du courant ou du fond, pratiquez avec une soie plongeante, lancez aux trois quarts aval et récupérez votre soie en effectuant des tirées entrecoupées d'arrêts et de tremblements. Variez également la vitesse de récupération. Dans les eaux plus calmes et peu profondes, pratiquez avec une soie flottante et récupérez-la de la même manière, mais plus lentement. Si aucune attaque n'a lieu, accélérez le mouvement avant de relever votre ligne pour simuler une nage de fuite. La touche se manifeste souvent durant cette manœuvre. Au ferrage, ne soyez pas brutal car les fragiles membranes buccales de la perche se déchirent facilement.

▶ UN EXEMPLE DE MONTAGE

Ce montage mesure 3,50 mètres. Il comporte un bas de ligne de forme queue-de-rat. La pointe est en 18/100, ce qui est largement suffisant pour mater les belles zébrées.

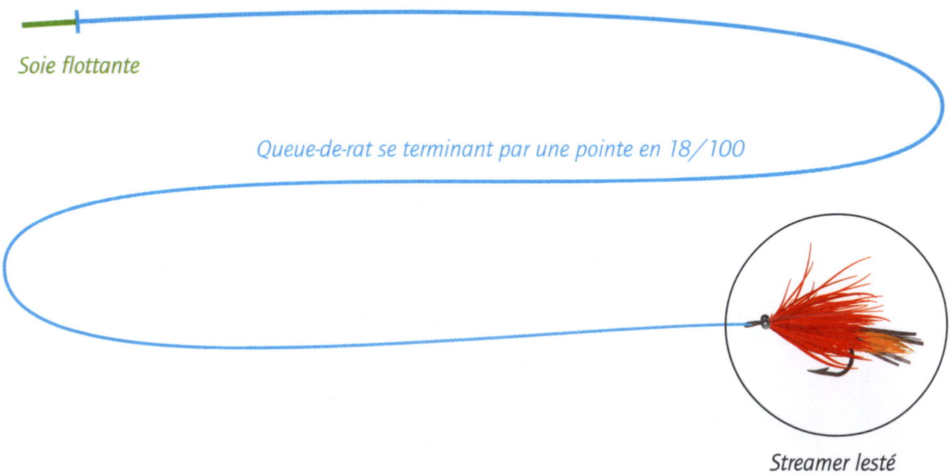

LE BLACK-BASS (*MICROPTERUS SALMOIDES*)

Ce poisson n'est pas naturellement présent dans nos milieux aquatiques. Originaire d'Amérique du Nord, il y a été introduit au XVIe siècle. Partout où il s'est bien acclimaté, les pêcheurs le recherchent pour sa combativité.

▶ SON PORTRAIT

Le black-bass, ou achigan à grande bouche, appartient à la famille des centrarchidés. C'est un carnassier au corps trapu, avec une large bouche (dotée d'une mâchoire inférieure prognathe) et une robe caractéristique, verdâtre ou jaunâtre. Une bande longitudinale constituée de taches sombres traverse chaque flanc. La partie postérieure des opercules est pointue. La nageoire dorsale avant a des rayons épineux. Qui s'y frotte s'y pique ! Celle qui se trouve en arrière possède des rayons mous. Son régime alimentaire se compose de poissons, d'insectes, d'écrevisses, mais aussi de sangsues, de grenouilles, de salamandres, de reptiles et de petites tortues. En France, les plus grands spécimens mesurent 60 centimètres de longueur environ. Sa taille légale de capture est de 30 ou 40 centimètres, selon les départements.

▶ LES POSTES-CLÉS

Ce carnassier vit dans les eaux calmes et chaudes des fleuves et des rivières, mais aussi des lacs et des étangs peu profonds. Dans les fleuves (le Rhône, par exemple), on le rencontre souvent dans les lônes, ces bras morts riches en végétation et en obstacles : roselières, nénuphars, arbres et souches immergés, éboulis sur le fond... La proximité des pontons est également un poste de choix. Ses chasses trahissent souvent sa présence. Elles peuvent se manifester par des remous, des gobages, voire des sauts à la surface de l'eau. **À savoir :** les black-bass se déplacent généralement en petits groupes de huit à dix individus. Les gros spécimens sont plutôt solitaires.

▶ LA TACTIQUE

Comme le brochet, le black-bass offre un magnifique spectacle lorsqu'il se met à chasser ses proies en surface, en particulier les batraciens. Une excellente stratégie consiste alors à lui présenter une imitation plus ou moins réaliste d'une grenouille (popper). Commencez par lancer votre ligne sur une zone propice ou près d'un poisson, puis faites trembloter votre mouche sur place en donnant des petits coups de scion. Rien ne se passe ? Entamez la récupération du popper en effectuant des tirées successives sur la soie, afin qu'il évolue de façon erratique. Pauses et accélérations sont bienvenues pour agrémenter votre animation. La touche est généralement foudroyante et le combat violent. Pour tenter de retrouver sa liberté, le black-bass n'hésite pas à faire des cabrioles hors de l'eau. C'est un acrobate.

▶ UN EXEMPLE DE MONTAGE

Ce montage convient pour pêcher le black-bass dans toutes sortes de milieux. Comme ce carnassier n'a pas de dents tranchantes (elles sont petites), un avançon en acier ou en titane est inutile, mais gare s'il y a des brochets dans les parages !

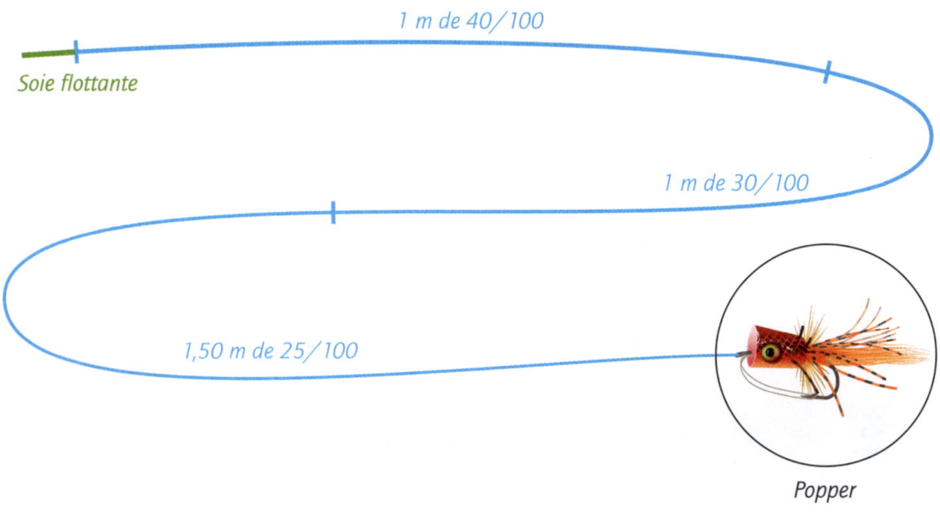

LE SILURE GLANE (*SILURUS GLANIS*)

La pêche à la mouche du silure est plutôt récente, les pêcheurs préférant souvent le tenter aux leurres classiques ou au vif. Capturer les plus gros relève souvent de l'exploit, mais le jeu en vaut la chandelle.

▶ SON PORTRAIT

Ce représentant de la famille des siluridés peut atteindre des tailles impressionnantes : les plus grands spécimens dépassent largement les 2 mètres de longueur ! Il ressemble au poisson-chat (*Ameiurus melas*) mais s'en différencie par le nombre de ses barbillons : six au total, dont deux très longs, alors que le poisson-chat en a huit. Sa silhouette est par ailleurs plus allongée, il ne possède pas de nageoire adipeuse (alors qu'*Ameiurus melas* en a une) et sa robe sombre présente des marbrures. Bien que le silure soit un redoutable chasseur, sa gueule n'est pas armée de dents acérées : elles sont petites et forment une sorte de râpe sur les deux mâchoires. Son alimentation est variée : poissons, écrevisses, vers, grenouilles, rongeurs... L'espèce ne fait l'objet d'aucune protection particulière.

▶ LES POSTES-CLÉS

Le silure glane se plaît dans les grands cours d'eau à courant lent. On le rencontre également dans certains lacs et étangs où il a été introduit. Les secteurs à prospecter sont nombreux : les fosses, les bras morts, les abords des ouvrages d'art (ponts, digues, écluses...), les rives encombrées de végétation et de bois morts immergés, les grosses roches, les arrivées d'eau réchauffées des centrales nucléaires et autres centrales thermiques, mais aussi la pleine eau. À la belle saison, il lui arrive de se tenir près de la surface pour chasser. Vous le verrez également s'aventurer près des berges, dans de faibles profondeurs, pour y glaner de la nourriture ou acculer quelques proies.

▶ LA TACTIQUE

Pour espérer prendre un silure à la mouche, il faut faire preuve de beaucoup de patience et dénicher un coin où il y a une forte densité de ce poisson. Les cours d'eau peu profonds (jusqu'à 3 mètres) et riches en végétaux sont les plus propices. Quelle technique adopter? La pêche au streamer, avec des modèles colorés de belle taille (20 à 30 centimètres), donne les meilleurs résultats. Contrairement à ce que l'on pourrait penser, l'action de pêche n'a rien de compliqué. Elle consiste à explorer tous les postes où le carnassier aime se tenir, en particulier les bois morts immergés et la proximité des herbiers. La prospection se fait méthodiquement. Après avoir lancé votre streamer, vous devez le ramener en tirant sur la soie par saccades, tout en pratiquant des manœuvres d'aguichage : petits coups de scion, tremblotements, pauses... S'il y a un peu de courant, n'hésitez pas à le laisser dériver. En règle générale, ce ne sont pas les plus gros spécimens qui mordent à la mouche.

▶ UN EXEMPLE DE MONTAGE

Dans les secteurs peu profonds, vous n'êtes pas obligé d'utiliser une soie plongeante ; une soie flottante suffit amplement. Concernant le bas de ligne, il peut se terminer par une pointe en 40/100.

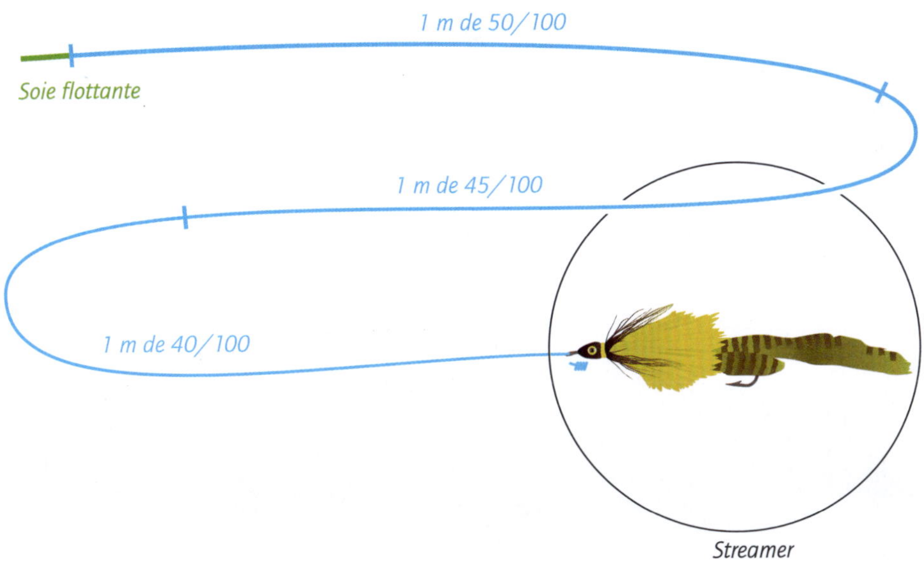

LE CHEVESNE (*SQUALIUS CEPHALUS*)

Pêcher ce poisson à la mouche est très amusant, surtout en sèche. Il prend tout son temps pour gober les mouches et fait preuve d'une grande méfiance. Pour le piéger, il faut déployer des ruses de Sioux.

▶ SON PORTRAIT

Le chevesne, ou chevaine, est un superbe cyprinidé. Un corps fuselé, des écailles argentées ou dorées sur les flancs, une large bouche avec des lèvres charnues, une nageoire caudale grise et échancrée, des nageoires pelviennes et anales teintées d'orange permettent de le reconnaître facilement. Les plus grands spécimens dépassent 60 centimètres de longueur. Bien présent dans nos eaux, ce poisson ne fait l'objet d'aucune protection particulière. **À savoir**: il y a quelques années, le chevesne appartenait au genre *Leuciscus*. Les scientifiques le classent désormais parmi les espèces du genre *Squalius*.

▶ LES POSTES-CLÉS

Le chevesne cohabite souvent avec la truite, mais il résiste mieux aux pollutions et supporte des eaux plus chaudes. On le rencontre dans les fleuves et les rivières, mais aussi dans certains lacs. Les postes qu'il occupe sont moins marqués que ceux de la truite. Il peut se tenir dans le courant, derrière un obstacle, près des rives, en queue de courant ou dans un pool. C'est un maraudeur, toujours à la recherche de nourriture: insectes, poissonnets, vers, algues, baies ou petits fruits tombés à l'eau... Grégaire, il se déplace en bancs plus ou moins importants. Les plus gros individus, que l'on rencontre souvent dans les fleuves et les grandes rivières de plaine, sont plutôt solitaires.

▶ LA TACTIQUE

Le chevesne évolue à différents niveaux de profondeur. À la belle saison, il n'est pas rare de le voir patrouiller à proximité de la surface de l'eau. C'est le moment idéal pour lui présenter une mouche sèche. Si les imitations d'éphémères sont efficaces, il ne faut pas négliger les modèles qui ressemblent aux trichoptères et aux insectes terrestres, comme la coccinelle, le criquet ou le grillon. Pour que le poisson ne vous repère pas, mieux vaut se camoufler et effectuer de longs lancers. Attention, la mouche ne doit pas se poser devant lui, mais derrière lui. S'il est en appétit, il se retournera et viendra happer votre artificielle. En eau calme, il le fait généralement lentement. Dans les courants, la touche peut être brutale. Le chevesne a la réputation d'être méfiant. Il est également connu pour sa rapidité à recracher les mouches sans se faire prendre, alors pendant l'action de pêche, restez sur le qui-vive et ferrez au bon moment : ni trop tard ni trop tôt !

▶ UN EXEMPLE DE MONTAGE

Les montages qui conviennent pour pêcher le chevesne sont similaires à ceux utilisés pour la truite. Voici une option pour un posé en douceur, qui n'éveillera pas la méfiance du chevesne.

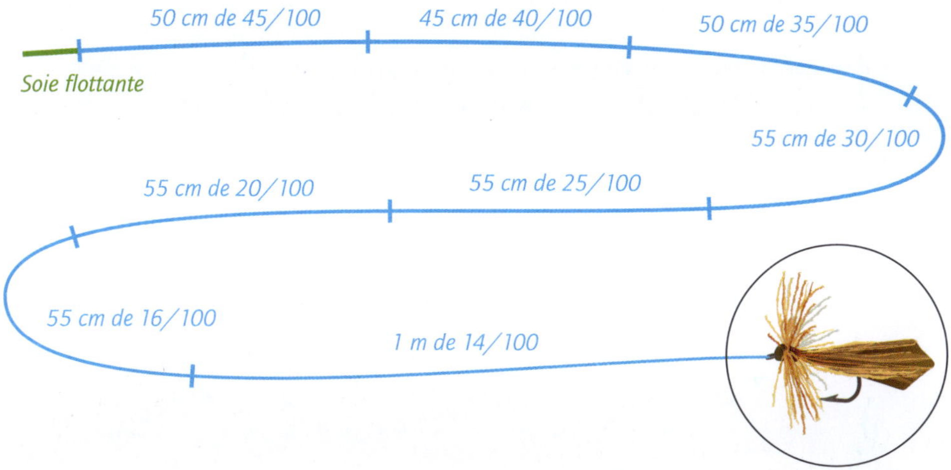

Sedge

LA CARPE (*CYPRINUS CARPIO*)

Autrefois, les moucheurs pêchaient peu (voire pas du tout) ce poisson, pourtant bien présent dans nos eaux. Aujourd'hui, beaucoup s'y intéressent car c'est un adversaire combatif, qui donne du fil à retordre au bout de la ligne.

▶ SON PORTRAIT

La carpe appartient à la famille des cyprinidés. Elle vit dans un grand nombre de milieux aquatiques, mais apprécie tout particulièrement les eaux calmes. Plusieurs variétés de ce poisson peuvent être pêchées : la carpe commune, dont le corps fuselé est entièrement recouvert d'écailles ; la carpe miroir, qui présente un corps plus trapu et quelques grandes écailles miroitantes réparties irrégulièrement ; la carpe cuir, qui possède également un corps trapu, mais sans écailles (sa peau brunâtre fait penser à du cuir). Toutes possèdent deux paires de barbillons. **À savoir :** il est interdit de transporter ou de garder en captivité les sujets vivants de plus de 60 centimètres (article L.436-16 du Code de l'environnement). Cette mesure vise à lutter contre le trafic des poissons trophées.

▶ LES POSTES-CLÉS

La carpe aime les étendues d'eau calme, mais elle ne vit pas seulement dans les lacs et les étangs : on la rencontre également dans les fleuves et les rivières de deuxième catégorie. Pour la pêcher à la mouche, l'idéal reste de prospecter les secteurs peu profonds et riches en végétation où elle a l'habitude de rechercher sa nourriture. À la belle saison, ses allées et venues se repèrent aisément car elle manifeste souvent sa présence par des mouvements entre les herbiers ou des marsouinages. Dans les endroits où les promeneurs du dimanche donnent régulièrement à manger aux canards, il est encore plus facile de la piéger, surtout avec une mouche imitant de la mie de pain flottant à la surface de l'eau. Pour fabriquer cette mouche, les pêcheurs utilisent un morceau d'éponge ou de mousse synthétique.

▶ LA TACTIQUE

La pêche à vue reste la méthode de capture la plus sûre (et la moins fastidieuse). Munissez-vous de lunettes à verres polarisants et prenez le temps d'observer votre zone de pêche avant de lancer votre soie. La discrétion est bien sûr indispensable, car la carpe est méfiante, surtout dans les eaux peu profondes. Une fois le poisson localisé, trouvez le bon angle d'attaque, puis présentez votre mouche mie de pain à la surface de l'eau, en évitant de la faire draguer. Si les poissons ne sont pas très actifs en surface, une autre option se présente à vous : pêcher plus en profondeur avec d'autres modèles de mouches, une imitation de petite écrevisse par exemple. Dans ce cas, il faudra l'animer pour lui donner vie, en effectuant des tirées plus ou moins courtes sur la soie. Alternez avec des pauses et des démarrages fulgurants pour simuler une nage de fuite. Attention, la touche peut être très brutale, au point de casser net dès la prise de contact avec le poisson. Ne pêchez pas trop fin et réglez bien le frein de votre moulinet.

▶ UN EXEMPLE DE MONTAGE

Trouver la bonne formule n'est pas simple car elle dépend de la puissance des poissons. Avec ce montage, vous devriez pouvoir maîtriser de belles carpes, même à proximité d'herbiers.

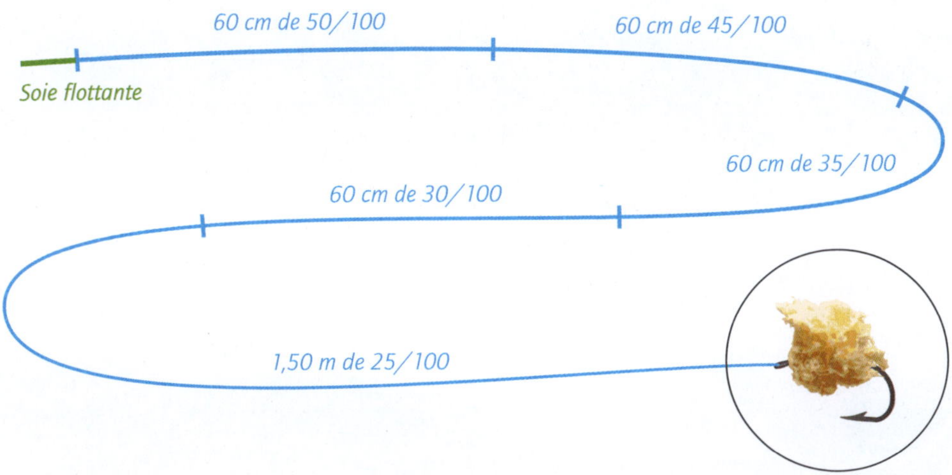

Mouche mie de pain

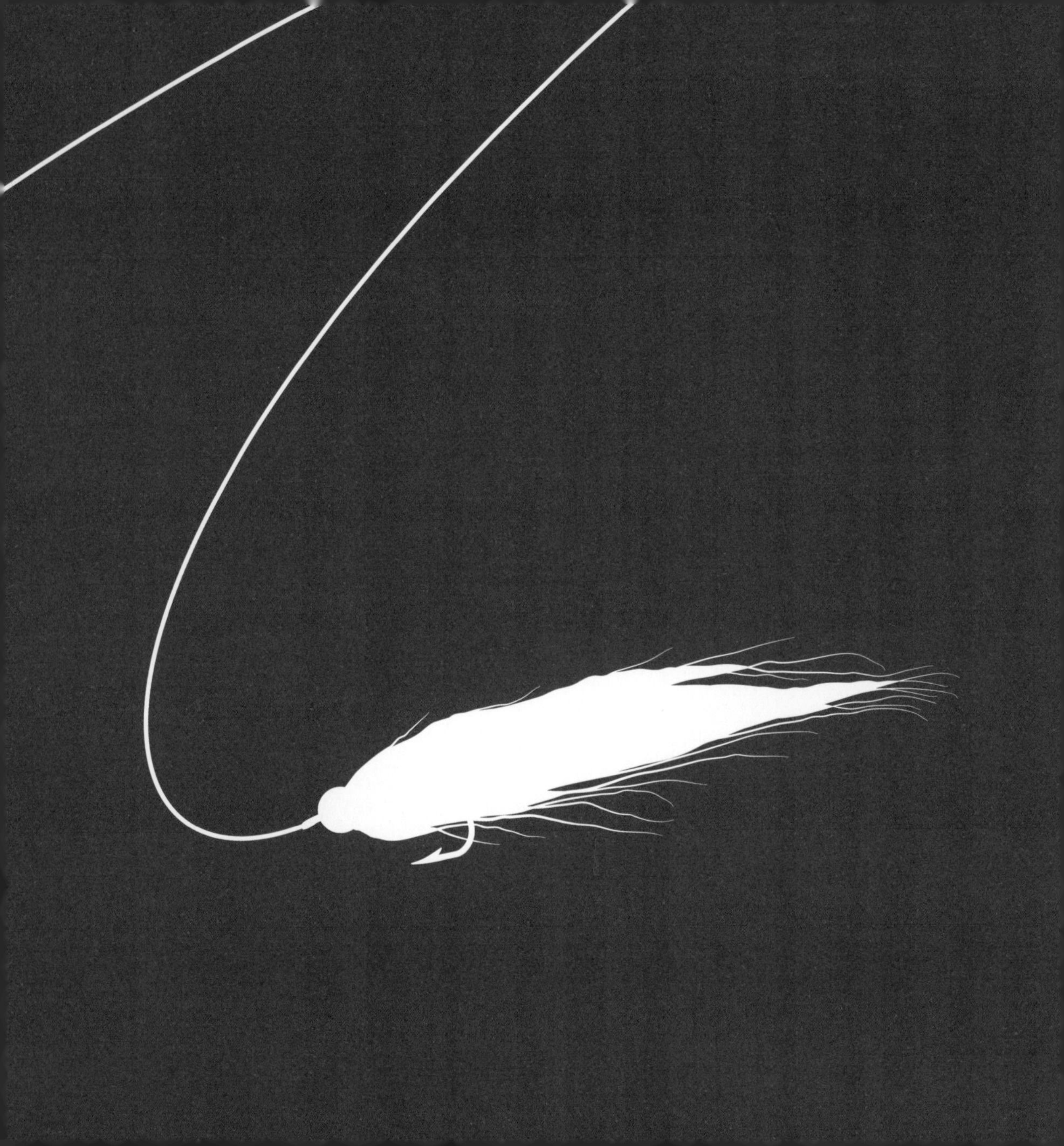

LA MOUCHE EN MER

Que ce soit du bord ou en bateau, de nombreuses espèces marines peuvent se pêcher à la mouche, au streamer. Parmi les poissons recherchés, il y a le bar et le mulet. Le bar est particulièrement combatif. Le mulet fait preuve de beaucoup de méfiance. Le piéger n'est pas simple. En pêchant à la mouche, il vous arrivera également de prendre d'autres poissons : l'orphie et le maquereau, par exemple.

LE BAR COMMUN (*DICENTRARCHUS LABRAX*)

Le bar commun figure parmi les belles prises du pêcheur. C'est la cible idéale pour pratiquer la mouche en mer entre le mois de mai et la fin novembre, lorsqu'il se rapproche des côtes.

▶ SON PORTRAIT

Ce représentant de la famille des moronidés a un corps allongé couvert de petites écailles. Les flancs argentés présentent une ligne latérale bien visible. Le dos est gris, avec deux nageoires dorsales séparées. La première possède des rayons épineux, la seconde des rayons mous. Sur les opercules, on peut également voir deux épines. La taille commune se situe entre 40 et 60 centimètres de longueur, mais certains spécimens atteignent le mètre. En mer du Nord, dans la Manche et l'Atlantique, la taille minimale de capture est de 42 centimètres. En Méditerranée, où il porte le nom de « loup », tous les bars mesurant moins de 30 centimètres de longueur doivent être remis à l'eau. **À savoir**: il existe une espèce de bar plus méridionale: le bar moucheté (*Dicentrarchus punctatus*).

▶ LES POSTES-CLÉS

Si vous pratiquez du bord, ce que font de nombreux pêcheurs, les meilleurs secteurs de pêche sont les petits estuaires, les arrivées d'eau, les étangs littoraux, mais aussi les graus (chenaux menant à des eaux intérieures). D'autres secteurs sont également propices, mais pas toujours accessibles: les parcs à huîtres, où de nombreuses espèces de poissons viennent régulièrement rechercher leur nourriture. La proximité des plages et des rochers réserve également de belles surprises, sans oublier les fonds tapissés d'algues et d'herbiers. Les bars n'hésitent pas à s'y aventurer pour chasser leurs proies: des poissonnets, mais aussi des crevettes et des crabes. Attention ! Lorsque vous pêchez depuis un promontoire rocheux, méfiez-vous des vagues qui peuvent vous submerger. Et gare aux chutes !

▶ LA TACTIQUE

Les petits estuaires sont parfaits pour débusquer les bars ; ils offrent une multitude de spots, tous intéressants. Veines d'eau, bordures, avals des chutes d'eau et faibles profondeurs sont à prospecter. Avant de vous lancer, commencez par observer les lieux afin d'analyser la nature du fonds et de détecter d'éventuels signes de présence, comme les chasses ou des mouvements suspects dans l'eau. Puis placez-vous de manière à pouvoir propulser votre mouche sans être vu. La récupération de la ligne se fait en tirant sur la soie par saccades, tout en imprimant quelques manœuvres d'aguichages pour varier l'animation. Quelle mouche utiliser ? Privilégiez les imitations de crevettes, de petits crabes ou encore d'alevins. Important : parmi les facteurs à considérer pour réussir votre partie de pêche, il y a les marées. Par fort coefficient, les eaux charrient beaucoup d'algues, ce qui rend la prospection difficile, mais lorsque les marées sont faibles, l'activité des poissons est plutôt réduite. Il faut donc trouver le juste milieu.

▶ UN EXEMPLE DE MONTAGE

Bien des moucheurs en mer utilisent des formules simples, comme ce montage en deux brins qui se termine par une pointe en 35/100. Évitez les plus gros diamètres, car ils sont peu discrets. Quant à la longueur du bas de ligne, faites en sorte qu'elle soit inférieure à celle de la canne. Cela facilitera les lancers.

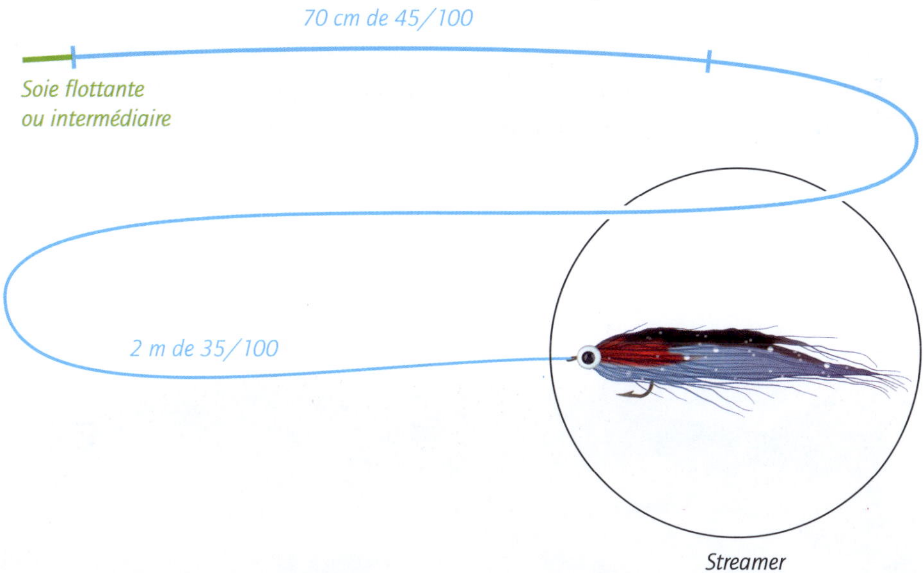

LE MULET (*LIZA AURATA, CHELON RAMADA, MUGIL CEPHALUS...*)

Les mulets ont une activité de surface importante en été. C'est la saison idéale pour les pêcher à la mouche. Si vous parvenez à en capturer un, même de taille modeste, vous serez agréablement surpris par sa défense.

▶ SON PORTRAIT

Plusieurs espèces de mulets fréquentent notre littoral, et elles ne sont pas toujours faciles à différencier les unes des autres. Globalement, ces poissons ont un corps allongé et une tête massive. La robe argentée, avec des bandes longitudinales, présente de grandes écailles. Le dos, plus sombre, possède deux nageoires dorsales nettement séparées. La première est armée de rayons épineux, la seconde a des rayons mous. Certaines espèces, comme le mulet doré (*Liza aurata*) et le mulet-porc (*Chelon ramada*) possèdent une tache dorée sur les opercules (elle est plus diffuse chez le mulet-porc). Le mulet cabot (*Mugil cephalus*) peut mesurer jusqu'à 70 centimètres de longueur, voire plus. La taille minimale de capture est de 30 centimètres en mer du Nord, dans la Manche et l'Atlantique. Il n'y en a pas en Méditerranée.

▶ LES POSTES-CLÉS

Ce poisson se pêche dans les lagunes et les estuaires, dans les ports (lorsque ce n'est pas interdit), mais aussi dans les canaux maritimes, les graus et les fleuves côtiers. Certaines espèces sont particulièrement tolérantes aux variations de salinité. Elles remontent en amont des cours d'eau, parfois à des centaines de kilomètres de la côte. À condition qu'elles ne rencontrent pas d'obstacles sur leur chemin : barrages, seuils ou chutes d'eau, par exemple. Grégaires, les mulets se déplacent en bancs plus ou moins importants. Ils se laissent facilement observer mais restent très méfiants. Contrairement à ce que pensent certains pêcheurs, tromper leur vigilance exige beaucoup de savoir-faire.

▶ LA TACTIQUE

La solution la plus simple pour faire bonne pêche consiste à repérer les bancs de mulets près des ouvrages portuaires. À la saison chaude, ils évoluent près de la surface. Dès que les poissons trouvent de quoi grignoter, notamment les morceaux de pain donnés par les promeneurs, vous les verrez s'agglutiner et jouer des nageoires pour prélever leur quote-part. Il n'est pas rare également qu'ils se tiennent sous les paquets d'algues qui dérivent avec le courant. Dans les ports, il ne faut pas hésiter à les tenter en sèche, avec une mouche imitant de la mie de pain. Propulsée vers les poissons, elle ne manquera pas de les intéresser, surtout si vous avez amorcé en distribuant quelques quignons. Les quignons étant trop gros pour eux, ils se dirigeront vers votre artificielle dont la taille est plus adaptée à leur bouche. Sous les paquets d'algues à la dérive, mais aussi près des bordures, une imitation de mousse verte donne de bons résultats. Cette dernière peut être réalisée avec un dubbing de fibres synthétiques et du fil de cuivre pour le lestage.

▶ UN EXEMPLE DE MONTAGE

Cette formule de montage comporte quatre brins. La pointe a un diamètre de 18/100, ce qui permet de maîtriser de beaux spécimens. Si les poissons sont chipoteurs, il faudra une pointe plus fine, en 16/100, voire en 14/100.

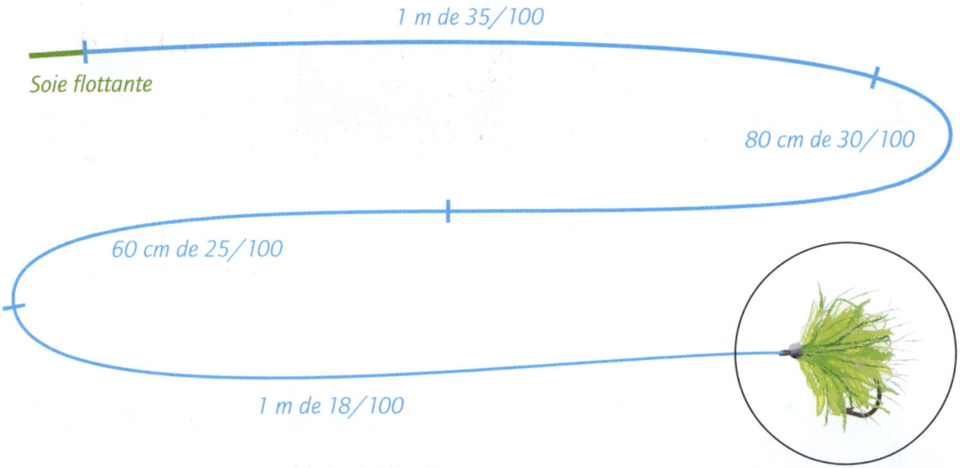

Mouche imitant de la mie de pain ou de la mousse verte

Vous souhaitez nous faire une remarque, partager une astuce ou une anecdote de pêche ? Contactez l'auteur :
vagnonpechecontact@orange.fr

Direction : Guillaume Pô
Direction éditoriale : Élisabeth Pegeon
Édition : Sandrine Vincent
Direction artistique : Isabelle Mayer
Mise en page : Jennifer Faisant
Illustrations : Laurent Stefano
Direction de fabrication : Thierry Dubus
Suivi de fabrication : Florence Bellot
1re édition - N° d'édition : V21007
ISBN : 979-1-0271-0547-2
Code MDS : VA05472

Achevé d'imprimer en janvier 2021 sur du papier certifié FSC® (issu de forêts gérées durablement) et avec des encres végétales, sur les presses de Graphycems (Espagne), un imprimeur labellisé pour ses pratiques respectueuses de l'environnement.

FSC
www.fsc.org
MIXTE
Papier issu de sources responsables
FSC® C007507

Dépôt légal : février 2021
www.vagnon.fr

DANS LA COLLECTION PÊCHE